数实融合

实时数据和人工智能驱动的工业进化论

[美] 维贾伊·戈文达拉扬　文卡特·文卡塔拉曼　著
　　　(Vijay Govindarajan)　　(Venkat Venkatraman)

张义　译

FUSION
STRATEGY

How Real-Time Data and AI
Will Power the Industrial Future

Vijay Govindarajan, Venkat Venkatraman Fusion Strategy: How Real-Time Data and AI Will Power the Industrial Future.

Copyright © 2024 Vijay Govindarajan and Venkat Venkatraman.

Published by arrangement with Harvard Business School Press.

Simplified Chinese Translation Copyright © 2025 by China Machine Press. This edition is authorized for sale in the Chinese mainland (excluding Hong Kong SAR, Macao SAR and Taiwan).

No part of this book may be reproduced or transmitted in any form or by any means, electronic or mechanical, including photocopying, recording or any information storage and retrieval system, without permission, in writing, from the publisher.

All rights reserved.

本书中文简体字版由 Harvard Business School Press 授权机械工业出版社在中国大陆地区（不包括香港、澳门特别行政区及台湾地区）独家出版发行。未经出版者书面许可，不得以任何方式抄袭、复制或节录本书中的任何部分。

北京市版权局著作权合同登记　图字：01-2024-4975 号。

图书在版编目（CIP）数据

数实融合：实时数据和人工智能驱动的工业进化论 / （美）维贾伊·戈文达拉扬（Vijay Govindarajan），（美）文卡特·文卡塔拉曼（Venkat Venkatraman）著；张义译. -- 北京：机械工业出版社，2025.8. -- ISBN 978-7-111-78860-7

I. F406-39

中国国家版本馆 CIP 数据核字第 2025KZ9844 号

机械工业出版社（北京市百万庄大街22号　邮政编码100037）
策划编辑：朱　悦　　　　　　　　责任编辑：朱　悦　孙　旸
责任校对：杜丹丹　李可意　景　飞　责任印制：单爱军
保定市中画美凯印刷有限公司印刷
2025年9月第1版第1次印刷
170mm×230mm・19印张・3插页・152千字
标准书号：ISBN 978-7-111-78860-7
定价：99.00元

电话服务　　　　　　　　　网络服务
客服电话：010-88361066　　机　工　官　网：www.cmpbook.com
　　　　　010-88379833　　机　工　官　博：weibo.com/cmp1952
　　　　　010-68326294　　金　书　网：www.golden-book.com
封底无防伪标均为盗版　　　机工教育服务网：www.cmpedu.com

献给我的孙女们——四岁的米拉·戈文达·斯特平斯基、九个月的莱拉·拉加·米兰迪以及六个月的安雅·戈文达·斯特平斯基。这些数字原住民未来会非常喜欢这本书,即便她们现在还不识字!

——维贾伊·戈文达拉扬

献给我生活中的女性们——我的母亲、我的妻子米拉,还有我的女儿塔拉和乌玛。她们都以独特的方式将数字融入了生活。

——文卡特·文卡塔拉曼

赞誉

《数实融合》将成为工业企业在竞争中战胜新对手的决定性因素。本书的作者精准地把握住了工业企业未来十年发展的关键方向。

——卢英德（Indra K. Nooyi）
百事公司前董事长兼首席执行官，亚马逊董事会成员

《数实融合》这部杰作探讨了企业如何发挥数据和人工智能的作用，确保自己在竞争中立于不败之地，并实现持续发展。我们建议每个客户，包括董事、高管和各职能部门的经理，都来读一读这本书。

——琳达·耶茨（Linda Yates）
Mach49 创始人兼首席执行官

本书作者研究了数字公司如何在轻资产经济领域取得成功。他们分享了如何在这种环境中不断前进并最终获得成功的实用见解。《数实融合》将成为我们思考成功的必备读物。

——葛士柏（Marc N. Casper）
赛默飞世尔科技公司董事长、总裁兼首席执行官

数实融合战略不仅是数据和人工智能领域的流行语，它还为经济的支柱——工业部门提供了其迫切需要的清晰度和战略方向。

——马克·比泽尔（Marc Bitzer）
惠而浦集团首席执行官

我强烈建议工业企业的高管们读一读这本书，学一学如何通过整合硬件和软件来为客户创造价值。

——柯伟茂（Vimal Kapur）
霍尼韦尔公司首席执行官

《数实融合》以极其生动的语言向我们展望了下一波数字化浪潮——这波浪潮将实现人工智能及机器学习等新技术与传统经济的融合。数实融合战略将成为一个

全新的竞争激烈的战场。这是一本了不起的著作。

——杰夫里·伊梅尔特（Jeffrey Immelt）

通用电气前董事长兼首席执行官，恩颐投资合伙人

《数实融合》有助于企业领导者理解如何利用协同智能，即认可数据、人工智能和其他数字技术的力量来获得竞争优势，这将成为每个企业创造价值并确保未来成功的关键。

——沙伊莱什·杰朱里卡（Shailesh Jejurikar）

宝洁公司首席运营官

《数实融合》不仅有实用的建议和令人信服的案例分析，而且语言清晰自然。对那些力图在颠覆性变革中顺利前行的工业企业的高管来说，这是一本必读之书。我强烈推荐大家读这本书。

——斯科特·D. 安东尼（Scott D. Anthony）

Innosight 高级合伙人，

著有《双重转型》(*Dual Transformation*)和

《身边的创新：让创新像吃饭、睡觉一样简单》

《数实融合》是一本指南，告诉读者如何通过数据图谱这种形式将竞争优势系统化，激发出巨大的商业价值。本书为企业提供了路线图，帮助它们在变革中不断前进。

——戴桂清（Que Dallara）
霍尼韦尔互联企业（HCE）前总裁兼首席执行官，
美敦力执行副总裁兼糖尿病业务总裁

这本书没有过多的行话和科技术语，有助于企业领导者理解数据及人工智能的强大作用。在这本必读之作中，读者可以学到如何通过将现实世界与数字世界相融合，发掘潜在的商业价值。

——彼得·科尔特（Peter Koerte）
德国西门子首席技术官兼首席策略官

这本书为全球各地的企业提供了一种出色且实用的框架，帮助它们制定出自己的数实融合战略。在企业最困难的某段时期，戈文达拉扬和文卡塔拉曼为企业指明了前进的方向。

——濑户欣哉（Kinya Seto）
日本骊住集团总裁兼首席执行官

读完《数实融合》一书，我确实受到了很大的启发。戈文达拉扬和文卡塔拉曼基于大量的实证研究以及深刻的反思，向我们证明了在卓越的智能机器的驱动下，工业生产与突破性数字技术融合的非凡的可能性。

——穆克什·D. 安巴尼（Mukesh D. Ambani）

印度信实工业董事长兼总经理

《数实融合》一书对我们的企业领导者很重要，因为它证明了实时洞察已超过资产，成为每个企业必须设法获得的最有价值的竞争优势。

——纳塔拉简·钱德拉塞卡兰（N. Chandrasekaran）

塔塔之子董事长，

印度塔塔咨询服务公司前首席执行官

融合未来已经成为现实。这本书的出版可谓恰逢其时，阐述了工业巨头从传统产品制造商向数字洞察公司转型背后令人信服的逻辑。我向每个工业企业的高管强烈推荐这本书。

——阿南德·马欣德拉（Anand Mahindra）

印度马恒达集团董事长

本书针对老牌工业企业如何赢得竞争提出了颇有说服力的新观点。因此，《数实融合》一书对印度的意义不仅体现在印度企业上，也体现在政策制定者身上。它将助推印度成为智能工业战略的全球中心之一。

——苏达山·韦努（Sudarshan Venu）

印度 TVS Motor 公司总经理

在制定以客户为中心的价值创造策略时，超越公司层面的信息量很大的工业数据图谱理念是一种极其有效的思想。它不只是使用数字技术来实现成本优势和产品升级。我相信，本书将激发很多工业企业主动思考、积极行动，实现从产品向融合性解决方案的转型。我非常喜欢《数实融合》这本书。在我思考未来的战略和价值创造方法时，它将成为我参考的重要依据。

——T.V. 纳伦德兰（T.V. Narendran）

印度塔塔钢铁首席执行官兼总经理

《数实融合》这本书及时提醒我们，随着数字技术和人工智能的到来，B2B（企业对企业）领域的经商之道已发生根本性的改变。接受这一现实，同时形成数实融合战略的思维模式，将有利于工业企业实现差异化并创造新价值。理解数据图谱和人工智能的应用能力，认清现实生态系统与作为未来战场的数字生态系统之间实现融合的意义，把握网络在实现更长远价值中的重要性，这些都将发挥至关重要的作用。这本书不仅引人思考，而且还能激励人们采取行动，让我获得了极好的战略洞见。

——埃德蒙德·斯坎伦（Edmond Scanlon）
爱尔兰凯瑞集团首席执行官

对数据流的研究是改进产品、工艺及性能的重要手段。在《数实融合》中，戈文达拉扬和文卡塔拉曼深入分析了如何利用数据图谱来表示不断变化的工作流，进而开创一个工业化的新时代。本书中有大量的行业案例，还包含四个具体策略。如果你想发挥科技和数据科学这种新生力量的作用，彻底改造工业应用的传统架构，这本书是非常值得一读的。

——N.R. 纳拉亚纳·穆尔蒂（N.R. Narayana Murthy）
印孚瑟斯技术有限公司创始人

目录

赞誉

第1部分 当钢与硅相遇

第1章 工业界：凡是过往，皆为序章   2
数据图谱加强融合   7
算法激活融合   11
融合就是未来   12
汽车工业一马当先   14
从现在到未来   22
我们发出的邀请   25

第2章 数字初创企业战胜了消费业巨头   29
利用数据图谱制定战略   32

　　　　数据网络效应的强大作用　　　　　　　　37

　　　　率先使用数据图谱企业的制胜之道　　　40

　　　　生成式人工智能驱动下的数据图谱　　　50

　　　　通向工业数据图谱之路　　　　　　　　53

第 3 章　**工业巨头正在奋力抵抗**　　　　　　　55

　　　　工业数据图谱的独特优势　　　　　　　58

　　　　工业数据图谱和生成式人工智能：力量倍增因素　61

　　　　工业巨头应如何利用数据图谱和

　　　　　生成式人工智能？　　　　　　　　　64

　　　　迎接新战役　　　　　　　　　　　　　77

第 4 章　**四大战场**　　　　　　　　　　　　　　79

　　　　工业数据图谱和人工智能是

　　　　　数实融合战略的根基　　　　　　　　80

　　　　专注于融合性产品　　　　　　　　　　83

　　　　为融合性产品提供融合性服务　　　　　86

　　　　将产品整合到融合性系统中　　　　　　90

　　　　逐个解决客户遇到的问题　　　　　　　94

　　　　新策略战场　　　　　　　　　　　　　97

第 2 部分　价值向量

第 5 章　卓越机器之争　　104
　　产品范式的转变　　110
　　未来之路　　115

第 6 章　交付卓越成果的竞赛　　134
　　服务范式的转变　　141
　　提供融合性服务的路径　　145
　　交付卓越成果的清单　　159

第 7 章　智能系统的终极对决　　166
　　系统范式的转变　　170
　　构建融合性系统的路径　　175
　　为建立智能系统的决战做好准备　　189

第 8 章　定制化解决方案之争　　196
　　融合性产品只是解决方案的一部分　　197
　　融合性服务也只是解决方案的一部分　　198
　　融合性系统也只是解决方案的一部分　　199
　　解决方案范式的转变　　200

提供融合性解决方案的路径	204
为应对定制化解决方案之争做好准备	214

第 3 部分　开拓融合边界

第 9 章　融合原则与实践	224
原则 1：释放多个阶段的全新商业价值	227
原则 2：协同智能的设计	232
原则 3：在生态系统内生活（并成长）	237
原则 4：培育融合性领军企业	242
原则 5：使用你的策略计分卡	245
沿着融合之路迈步向前	249
附录　有关学术基础和行动呼吁的说明	253
注释	263
致谢	281
关于作者	285

PART

第 1 部分

当钢与硅相遇

第1章 工业界：凡是过往，皆为序章

100万亿美元。这可是万亿级啊！这是全世界所有国家国内生产总值的总和（简称"世界生产总值"）。其中，接近75%是由传统制造业、采矿业、运输业、物流业、建筑业和医疗保健行业贡献的。目前，数字技术尚未对这些行业产生重大影响，但影响很快就会显现出来。

要是你询问广告、摄影、音乐、媒体和娱乐等实体轻资产行业的龙头企业，数字技术对它们有什么影响，这些企业会异口同声地说，它们的行业已经发生了翻天覆地的变化。与此同时，有些原先的龙头企业未能认清数字技术对自身经营策略的重要性，结果在与数字

第 1 章
工业界：凡是过往，皆为序章

原生企业的竞争中落了下风。像奈飞（Netflix）和声田（Spotify）这些后起之秀已经成了规则的制定者，它们利用自己掌握的用户数据和人工智能技术，找到了新的竞争优势来源。

曾几何时，人们认为数字技术只会影响轻资产、信息密集型行业。过去二十年来，得益于移动技术的发展，创新、颠覆和转型在 B2C（企业对消费者）领域反复上演。

目前，硬件、软件、应用程序、云技术、数据、算法、生成式人工智能、混合现实和其他技术取得了新的进展，商业正面临新的转折点。无论是单独使用，抑或综合使用，这些技术都有望重塑全球经济。虽然这些技术确实对企业的盈利能力构成了威胁，但是它们会成为全球各行业改变其价值创造和价值获得方式的最大驱动力。正因如此，75 万亿美元——世界生产总值的 75% 和工业数字化的潜在市场——才如此重要。

历史可能会记住此刻。在经历了几次"抢跑"之后，工业界的数字化大幕才徐徐拉开。借用莎翁的话来说，这个重大时刻将证明：凡是过往，皆为序章；凡是未来，皆有可期。

第 1 部分
当钢与硅相遇

迄今为止，世界上仅有一小部分数据和内容完成了编码或者说实现了数字化（参照图1-1）。未来会出现一种全新的融合方式——通过物理域与数字域的无缝衔接，工业产品将与感应器、软件和实时远程信息处理功能实现融合。这样不仅能提高工业资产的生产率，还能利用从不同环境中收集到的数据，通过算法获得个性化解决方案，以应对企业面临的问题。在这一前沿领域，工业企业要想有不俗的表现，不仅要设计和交付卓越机器，还要确保这些机器能满足客户的特定需求。在这个融合的前沿地带，未来可实现数字化的领域还有很多，例如医疗和健康记录、能源网运行数据、城市交通图、商业

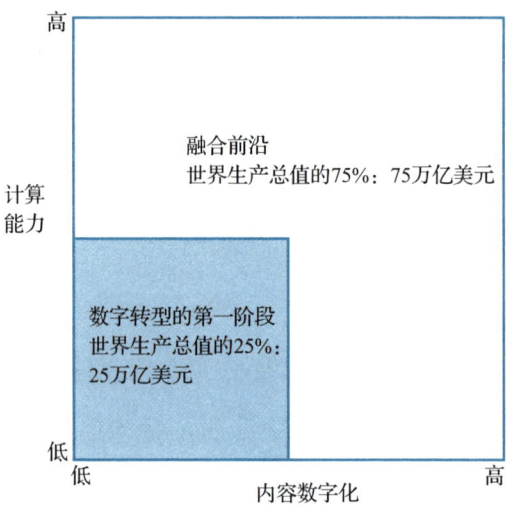

图1-1 日益强大的计算能力和内容数字化助推融合前沿的拓展

第 1 章
工业界：凡是过往，皆为序章

和住宅建筑物的入住率、种植业和农业的可视化界面、粮食与物资的分配，等等。

这一切都离不开计算能力，而计算能力表现为实现云互联的工业区内的量子计算和更强大的设备与系统。但问题是，工业企业如何获得这种新价值？

过去四年来，我们研究了轻资产行业和重资产行业的众多数字巨头、初创企业和工业制造企业。我们采访了多家公司的高管，其中包括福特、都福、丹纳赫、梅赛德斯-奔驰、约翰迪尔、大疆创新、通用电气、通用汽车、霍尼韦尔、马恒达、罗尔斯-罗伊斯、三星、西门子、骊住、TVS电机和惠而浦。我们与其中一些公司有过合作。通过案例研究以及对数字技术在企业内的演进方式进行纵向分析，我们提出了一种思维方式，这将有助于工业企业在未来的竞争中占得先机。

我们称这种思维方式为"融合"。

展望未来，工业企业需要将自身的优势（生产实体产品）与数字技术的优势（利用人工智能解析现有产品的庞大且互联的数据集）相结合，建立战略连接。否则，战略连接将无从谈起。

第1部分
当钢与硅相遇

以约翰迪尔为例。这家公司通过生产更快、更强、更大的机器来构建自身的竞争优势。如今,约翰迪尔正在谋划未来的数字转型。该公司的 See & Spray 设备彻底改变了除草剂的喷施方式,从地毯式喷施转变为定向喷施。这种自走式设备有一个大型碳纤维吊杆,吊杆上装有36个摄像头,识别速度惊人。这个识别系统由10个视觉处理单元组成,每秒钟可处理4GB数据。该系统利用深度学习技术来区分庄稼与杂草。一旦识别出杂草,即使喷雾器正在田间以最高15英里[一]/小时的速度快速移动,也可向喷嘴下达除草指令。最初的设备仅能识别出裸露在田地里的绿色杂草,但最新款设备已能检测到农作物旁边任何颜色的杂草。结果是:客户的利润提高了,除草剂的用量却减少了60%。

这里的创新并不在于工业机械本身。真正的创新体现在数字域和工业域与数据和人工智能的融合。对过去仅生产大型工业机械的约翰迪尔公司来说,这是一次重大转型。

但这仅仅是开始。决定竞争优势的法则正在发生变化。拥有最敏锐的实时洞察力的企业,而不是拥有最有

[一] 一英里约合1.6千米。——编者注

价值的实物资产的企业，才能获得竞争优势。沿着融合发展这条路走下去，企业不仅可以提升产品服务对客户的价值，还可以开发出创新型产品，推出与众不同的服务并提供一整套全新的解决方案。

最终，人工智能与实时数据的结合将催生出新一代的商业模式，从而推动产品、战略和客户关系的发展。如果企业实施数实融合战略，它们将创造出巨大的新价值。否则，它们就会落后。

数据图谱加强融合

本书旨在描述商业世界正在经历的迅猛的变化，并说明如何利用实时数据和人工智能来制定自己的数实融合战略。但是，该怎么做呢？

咱们先从数据这个融合战略的核心要素讲起。这里的数据不仅指普通数据，而且包括产品使用的实时数据。企业通过系统地积累这类数据，可以绘制出数据图谱，用来描述企业与其客户的关系、联系和相互影响。数据

第 1 部分
　　当钢与硅相遇

图谱是本书探讨的数实融合战略的基本构件。我们将在接下来的两章里详细说明数据图谱，在此处仅做简要介绍。数据图谱这一概念的灵感源于社交网络和图形理论，并由人工智能和机器学习提供技术支持。数据图谱源自数据网络效应——公司从产品用户中收集到的信息越来越多，产品会变得越来越智能，这就会产生数据网络效应。

例如，使用不同的搜索词条进行查询的人越多，谷歌的搜索引擎就越智能。大约 30 亿用户产生的数据网络效应，使得 Facebook（脸书）投放目标内容和广告的能力变得更强大。

这就形成了良性循环。如果消费者认为这种提升意义重大，他们就会更愿意继续使用该产品，从而延续这种良性循环。这样就会在产品和消费者之间建立数据纽带，而且这种纽带会越来越紧密。互联发生在产品的使用现场；根据用户使用产品的实际情况，提供有针对性的建议；如果这种建议能帮助消费者取得更大的经营成果，价值就被创造出来了。

数据图谱并非静态的示意图，而是动态展示，其算

第1章
工业界：凡是过往，皆为序章

法基础有助于它收集更多的数据、分析更多样的数据并就具体行动提出建议。一个公司越早开始收集在用产品的数据，为其商业算法提供数据支持，该公司的系统就会越早生成由数据驱动的决策，该公司也会越快地根据这些决策采取行动，因而更有可能在竞争中占得先机。

数据图谱带来的优势会重新定义数实融合战略中的两个重要概念，即规模和范围。[1]在工业时代，公司通过增加销量来扩大经营规模，这是因为销量的增加会带动市场占有份额的提高。这个过程是线性的、渐进式的，取决于公司获得物力、人力和财力的能力。相比之下，由数据图谱驱动的规模源于公司构建的一种生态系统，该系统内的要素彼此互补。例如，通用汽车的规模表现为其生产的汽车的数量，优步的规模表现为其在快速进化的生态系统内可安排的乘车次数。

在每个麦当劳门店的前面，我们都会看到上面写着"我们服务的顾客超过××亿"的招牌。然而，记录每天、每月和每年所售汉堡的数量，这种做法早已过时。那些负责数据图谱的人员关心的不只是绝对的数字，他们需要的是细节。他们会问谁吃了汉堡，有没有如下相关数据：每个消费者购买汉堡的地点和时间，购买汉堡之前

第 1 部分
当钢与硅相遇

和之后做的事情，同时购买的饮品，消费者的年龄、性别、收入、地址、爱好和生活方式。他们认为，有了这些数据，才能更好地满足消费者的需求。他们思考的是，要让消费者在自己的平台上花更多的钱，并对获得的价值感到满意，再次来这里消费，他们该怎么做。

首先，数字公司和工业企业研究的数据存在差异。[2] 优步会分析超过 250 亿次的乘车数据，但出租车公司不会；奈飞会跟踪人们每一秒钟的观影偏好，但有线电视公司不会；爱彼迎会跟踪旅行者的住宿地点、时间和天数，以及他们的行为和偏好，但连锁酒店不会。

范围不再限于邻近区域。工业企业会利用自身进入邻近行业的能力，来扩大活动范围。它会建构基础设施，招募人才，投入更多资金。但是，苹果、亚马逊和谷歌会收集、整理并分析数据，以便扩大业务范围，进入很多和其主业毫不相关的行业。借助数据图谱，几乎所有企业都能使用人工智能来解决问题。数字公司已经在实体轻资产场景中表现出了这种能力，而且也影响到了实体重资产场景。

这是在向工业企业发出警告。数据图谱带来的洞察使得数字公司发展壮大，因此工业企业现在应该考虑如何成倍地扩大其经营规模和范围。

算法激活融合

仅仅有数据图谱还是不够的。要确保数据图谱发挥作用，企业必须使用算法对其进行分析，以提出可行的建议。

首先，企业高管通过描述性分析，来了解产品或服务的现状。接着，他们进行诊断性分析，探究形成该现状的根本原因，也就是找出"是什么"背后的"为什么"。这两种分析都属于历史分析，就如同透过后视镜观察事物。

接下来是基于数据图谱的预测性分析，根据整个客户群的数据，对未来事件的发生概率做出预测。最后是规范性分析，提出建议采取的行动。在对根据数据网络效应绘制的数据图谱进行了这四种分析后，企业高管就会获得深刻的见解。

第 1 部分
  当钢与硅相遇

  为数据图谱和算法提供实时数据，有利于工业企业在融合性未来中占得先机。没有数据图谱，就不会有数实融合战略；没有权威算法，数据图谱就不会有商业价值。融合战略建立在数据图谱和人工智能的基础上。

融合就是未来

  是的，融合意味着综合使用数据图谱、人工智能和算法，但它的意义远不止于此。

  一般来说，融合是指将两个或多个事物整合成单一实体。那些对科学感兴趣的读者可能会给融合下这样一个定义：利用高温，使某个材料或物体融化，并与另一个材料或物体合并。音乐家会用"融合"这个词来描述不同风格的音乐（例如爵士和摇滚，或者西方古典音乐和印度古典音乐）的组合。厨师会用"融合"来描述将不同菜系（例如法国菜和日本料理）的元素组合起来的烹饪过程。

  在数字化工业部门，融合包括五个方面。

第 1 章
工业界：凡是过往，皆为序章

1. 实体和数字商业领域紧密结合，使以往彼此独立的功能实现了无缝融合。现在的汽车如同一台安装在四个轮子上、实现了云连接的计算机。拖拉机成为由智能农学家驾驶的工业机器。最新建成的大楼是安装了自主控制系统的建筑奇迹。

2. 人类与机器紧密相连，共同打造出了专业知识和洞察的新高地。如果企业能利用聪明的人类和强大的机器的集体智慧，就会在竞争中战胜那些尚未发挥这种协作优势的企业。

3. 将数字思维融入科学、艺术和工程等传统学科。不久前，人们还认为计算和算法与医学、法律、心理学、经济学和金融这些学科截然不同。现在，每个学科都基于数字并受到了数字的影响。未来的农业将是由传感器和软件推动的可持续农业。医学的前沿领域将是使用生物标志物和定制疗法实现个性化健康。教育领域正在转型为人工智能支持下的个性化教育。

4. 物理世界和虚拟世界依托云技术实现互联，通过数字孪生、混合现实和元宇宙，实时获取新信息。一旦物理世界与虚拟世界结合起来，在未来十年间，世界上所有国家的国内生产总值的总和每年至少会增加1%。[3]这一积极变化不仅能提高效率和时效性，还能通过减少对稀缺资源的浪费，建立一个更健康的星球。

5. 公司间相互联通，一个公司可通过跨行业生态系统成为全能型企业。现在的公司为了获得成功，已经在借助合作伙伴网络了。数字技术，尤其是数据互联，可以提高产品性能，简化业务流程，并提供一流的客户服务。

我们所说的这些"融合力"，将塑造并重塑工业界的未来。工业界曾经高不可攀，其产品毫无性价比可言。可随着强大的传感器、更惊人的算力以及人工智能的兴起，情况正在迅速发生变化。

不妨看一下汽车工业。

汽车工业一马当先

正如作家威廉·吉布森所言："未来已经到来，只是分布得不够均匀。"

在汽车行业，传统产品已经逐渐实现了数字化。"出行"作为一种服务，借助数据网络效应，而非资产所有

第 1 章
工业界：凡是过往，皆为序章

权，成为经济上可行的选择。例如，倘若缺少有关不同交通选项的位置和可用性的实时数据，我们就无法建立价格实惠的拼车服务网。在本书中，我们会以汽车行业为例，这是因为大部分读者与该行业都有交集，而且它为其他工业部门提供了重要的经验与启示。

截至 2024 年 1 月，人们经常会在旧金山的街道上看见自动驾驶汽车驶过，有时会有试车手在驾驶汽车，有时没有。这些车在接到乘客后，会将他们送往目的地。这些车是谁生产的？你可能会不假思索地答道："特斯拉。"其实不是。这些汽车属于 Cruise（通用汽车与本田、微软和沃尔玛合资成立的公司）与 Waymo（谷歌母公司 Alphabet 旗下的子公司）。

街道上跑的不只是一两辆原型车。Cruise 有 100 辆无人驾驶汽车在路上行驶。这些车并不是开在理想的封闭式试车跑道上，而是在旧金山车来车往的大街上行驶。这种车也不是未来派原型车，而是在今天的汽车上配置了能理解未来事态的技术。通用汽车在对 Cruise 进行大胆试验，希望将其打造成一家融合性公司。但通用汽车也意识到，它的对手不只是汽车制造商，还有数字公司。谷歌（Waymo）、特斯拉、比亚迪、吉利、Rivian、蔚来

第 1 部分
 当钢与硅相遇

以及其他初创企业都在积极创新，以期为交通和出行创造新的商业价值。

2022 年 11 月，特斯拉推出全自动驾驶 beta 版测试包。传统的汽车制造商还在忙于宣布自己的目标——打造全电动或碳中和的汽车，预计它们的电动车销量会达到数万辆，而特斯拉已经准备在 2023 年交付 200 万辆电动车了。

汽车产量历来是衡量车企行业地位的一大指标，目前仍被用来评判汽车行业的经营状况。工业企业必须摒弃过去的领导力衡量指标，转而采用能够深入反映企业产品如何去解决客户问题的指标。

特斯拉的高管们深知汽车产量对华尔街有何等重要，但特斯拉的内部经营将重心放在观察行驶中的每辆汽车上。特斯拉的工程师借助安装在车身上的多个摄像头，能观察到汽车行驶的全过程，从而可以进一步完善软硬件。Cruise 采集了 100 辆车的数据，Waymo 采集了 1 000 辆车的数据，而特斯拉采集了 200 多万辆车的数据。每辆特斯拉都要实现物理域和数字域的互联互通，使汽车能在行驶过程中采集到数据（融合力 1）。

第 1 章
工业界：凡是过往，皆为序章

特斯拉这家公司与众不同，这是因为自 2016 年起，每辆特斯拉都配备了内置的"影子模式"。即使未开启汽车的 Autopilot 系统（即自动辅助驾驶系统），它也可以与人类驾驶员并行模拟驾驶过程[4]。当基于算法的驾驶行为预测与驾驶员的实际行为不一致时，车载摄像头拍摄的快照、车速、汽车加速状态以及其他参数都会被记录下来，传输给特斯拉。特斯拉的人工智能团队会审查并分析数据，发现系统可以模拟的人类行为，并将这类行为作为训练其神经网络的数据。例如，团队会注意到，系统未发现被树木遮挡的路牌，他们便会设计出一些方案，让系统能采集到更高质量的数据。

再来看看高智商的人类与强大的机器相互学习（融合力 2）。随着数据采集涵盖了世界范围内更多的汽车和更长的行驶距离，特斯拉的神经网络也在不断完善。在 2019 年 4 月召开的"特斯拉人工智能日"，特斯拉 CEO 埃隆·马斯克简明扼要地指出："从本质上讲，每个（驾驶员）都一直在训练（神经）网络……无论他是否开启 Autopilot，网络都在得到训练。"特斯拉从零开始，打造了专供机器学习的超级计算机平台 Dojo。目前，特斯拉还在开发能完成各种不同任务的超算能力：利用从车队

第 1 部分
当钢与硅相遇

中采集的数据来训练神经网络，对从车队中采集的训练视频进行自动标识，通过训练神经网络来打造自动驾驶系统。以这种方式使用实时多媒体数据，这是大部分传统的汽车制造商做不到的。

让策略分析师兴奋的是，生成式人工智能有能力改造那些应用程序仍处于史前架构阶段的工业公司。生成式人工智能最重要的影响将体现在，工业应用程序如何使用多种类型的数据，以获得更深刻的洞察。在有关人工智能种种不和谐的声音中，人们可能忽视的一点是，transformer 神经网络在处理序列数据时不仅效率高，而且效果好。它完全可以被用来建构像 GPT-4 这样的大语言模型。这种神经网络不仅可用于消费者应用场景，例如生成文本、图像、声音、计算机代码和视频，而且可用于工业应用场景，例如帮助汽车理解复杂的交叉路口和可行驶路线，或者帮助工业机器人完成不同的任务。

随着生成式人工智能帮助人类提高了生产力和创造力，特斯拉的人工智能模型将提高自动驾驶的效能和安全性。获胜者通过掌握某个行业的语言模型，相较于失败者的优势会越来越明显。

第 1 章
工业界：凡是过往，皆为序章

不久前，传统的汽车制造商还在嘲笑电动汽车，说它们不过是装上了漂亮外壳的高尔夫球车，可等到2023年，这些车企都全力以赴搞起了电动汽车。在全球范围内，从工业内燃机向纯电动汽车转变似乎已是大势所趋。要想在未来占得先机，汽车制造商就要将传统的汽车设计及制造能力与新兴的数字领域（例如软硬件、应用程序、联通性、远程信息处理和分析）完美地融合在一起。

传统车企逐渐认识到，它们必须重新审视汽车，将汽车重新设计成安装在四个轮子上、实现了云连接的计算机。因此，汽车制造商必须同时是数字工程公司，既要有传统领域的能力，还要掌握数字技术（融合力3）。梅赛德斯－奔驰和大众致力于开发自己的操作系统并掌握软件技能。Cruise推出了原型车Origin。这是一款零排放的无人驾驶电动车，是对汽车的重新构想，去除了汽车内原先以人为中心的功能，例如方向盘或遮阳板。Waymo的愿景是开发出无方向盘、无油门、无刹车的汽车。通过与吉利汽车旗下的智能电动汽车品牌极氪合作，它已经打造出了此类原型车。

汽车行业也见证了元宇宙这一新兴力量的作用。例如，宝马正在利用英伟达的Omniverse平台打造一家工

第 1 部分
当钢与硅相遇

厂。在工厂中,员工与机器人可以密切合作,工程师们在虚拟空间进行协作。宝马使用的设计和规划工具能生成拟建工厂的逼真图像。通过利用这些工具采集的信息,宝马可以对其生产系统内必须做出的关键取舍进行评估。英伟达的平台不仅有利于工厂设计,还有助于汽车制造商评估无人驾驶汽车在公路上的表现。这个平台可以模拟公路或城市街道,以测试汽车的感知系统、决策能力和控制逻辑(融合力4)。

即便如此,汽车行业还是来到了十字路口。汽车的核心产品正在迅速成为数字工业产品,拥有由数百万行软件代码驱动的强大的系统级芯片。由汽车的设计、生产、组装和交付构成的业务流程,越来越依托数字孪生和元宇宙驱动的数字环境。企业提供的服务正在逐渐实现个性化,但这离不开远程信息处理、云连接、软件在线升级和及时推荐的支持。

关键是,汽车制造商与传统公司及数字公司建立起生态重叠区,希望实现能力互补、具备互操作性。通用正在与本田、微软和沃尔玛合作,以扩大 Cruise 的经营规模。通用已经与 LG 化学共同开发出 Ultium 电池和发动机。一旦该产品实现量产,通用未来可能会邀请其他汽

第 1 章
工业界：凡是过往，皆为序章

车制造商参与合作。作为现代与安波福成立的合资企业，Motional 已与优步合作，提供自动乘车和配送服务。特斯拉已公开专利源代码，将来也可能邀请其他汽车制造商使用 Dojo，以提高自动驾驶系统的可靠性和安全性。

企业纷纷通过建立合作关系，来努力降低投资项目的风险，各类联盟数不胜数。汽车生态系统离不开有竞争力的合作关系。很多汽车制造商摒弃了以往的做法，成为新兴网络的一部分，其中不少企业宣布它们愿意加入特斯拉在美国的收费网络。优步是融合型企业的典范。这类企业将生态系统置于核心地位。它们之所以能在数千座城市里调配乘车人与驾驶员，是因为它们能构建起由相关合作伙伴组成的生态系统，并确保这些合作伙伴在提供服务时可以获得实时数据（融合力5）。

尽管我们认为，今天的汽车行业最具代表性，但是这五种融合力也体现在其他行业中，例如农业、矿业、建筑业、房地产业、医疗保健业、交通运输业、物流业和其他重资产行业。每个工业产品都会实现数字化。每个工业企业都会成为数字化工业企业，并与数字原住民展开竞争。因此，每个工业企业必须通过人机结合，调整自身的战略和运营。每个工业企业必须制定融合战略。

第 1 部分
当钢与硅相遇

机械、化学、土木、航空航天、农业和冶金等传统工程学科与数字技术交叉融合，将产生令人瞩目的发展成果。如果你问农业公司的高管，他们会谈到精准农业和决策农业，还有利用云平台远程运行的自动驾驶拖拉机，以及涉及传统要素（种子、化肥和设备制造商）和数字要素（卫星服务提供商、农业云平台运营商、数据建模器和人工智能专家）的生态系统。如果你询问建筑公司的高管，他们对建筑设计的未来有何看法，他们就会谈到自修复材料、智能建筑以及能提升舒适度、增强可持续性的互联窗户。如果你与航空业的高管交谈，他们会说数据和分析是确保可持续、高效和安全飞行的关键因素。

随便选择一个你喜欢的行业，让业内高管谈一谈他们对未来十年行业变化的看法。你会发现，他们都会谈到五大融合力。

从现在到未来

归根结底，最终目的是利用基于大量数据获得的洞察，打造全新的产品、创造全新的客户体验并提供

第 1 章
工业界：凡是过往，皆为序章

全新的服务。但值得注意的是，融合战略并不只是要使用更多的技术。我们并不是说，你要制定 ABCD 数字化战略，其中 A 代表人工智能（AI）、B 代表区块链（Blockchain）、C 代表云（Cloud）以及 D 代表数据（Data）。我们也不是要让你将技术覆盖到传统的商业逻辑上，或是在狭义的职能部门内有选择地利用某些技术，以实现特定的目标。

相反，融合战略从轻资产行业中获得启示，并灵活利用了这些启示来满足重资产行业的需要。融合战略展示了指数式增长的轨迹，而在以前没有数据和人工智能的时代，这是不可能实现的。融合战略说明了随着新公司和新能力创造出新的商业价值，数字技术将以何种方式改变竞争格局。

融合战略的发展轨迹是不同的。过去，工业企业通过收购那些生产类似或相关产品和部件的公司，以扩大规模或实现多元化经营。但融合战略提出了另一种方案：确定软件架构，与其他公司实现互联，生成由数据带来的洞察，进而提高客户的生产力，使工业企业可以分享它们创造出的价值。获取和整合实物资产不仅过程复杂，效率也不高。在这种情况下，工业企业通过基于数据的联盟和合

第 1 部分
　　当钢与硅相遇

作关系实现互联，就能更好地解决这个问题。实践证明，这样做的效果会更好，因为随着新机器不断加入，旧系统会不断遭到淘汰，系统的范围会随时间而改变。

所谓战略，通常关注的是某个公司如何利用其现有的资源和能力。工业企业通过收购工厂、部件制造商、配送仓库和物流公司等实物资产，力图拓展产品市场，推行多元化的发展战略。这些做法依然有效，可今天它们只是参与竞争的入门条件。

未来十年，企业可能要通过并购才能实现差异化，这是因为并购能实现实物与数字的融合。这并不是说要使用传感器和软件，将传统产品打造成数字化产品，而是说要采用必要的技术，开发出下一代工业产品和系统，扩大数据图谱的使用范围，以及提高人们使用人工智能的能力。

长期以来，战略思维都以公司为中心。但融合战略既重视获取资产，又强调建立关系，为的是获得其他富含数据的资产。但凡明智的 CEO 都会发现，融合战略是以网络为中心的。工业企业必须主动置身于那些能打破行业界限的生态系统中，就是那种能使数据在不同机器之间持续流动的生态系统。公司只有认清自身在新兴的数字生态系统中的角色，才有机会赢得未来。

第 1 章

工业界：凡是过往，皆为序章

我们发出的邀请

在传统公司和数字公司不同程度地依赖数字技术的竞争格局下，本书介绍了目前效果最好的一些做法。我们并没有列出一批最优秀的企业，让大家去仿效。那些数字原生公司通过数据图谱和算法在轻资产场景下参与竞争，我们从这类公司的实践中获得启示，提出了适合重资产场景的基本策略。[5] 我们的面前是一条通向融合性未来的道路，即便对工业领域的领军企业来说，此次转型的规模、范围和速度也是有挑战性的。

第一波数字化浪潮首先出现在美国，然后才席卷全球。但融合不会仅仅出现在美国。随着工业界主动接受物联网、机器人技术、云和人工智能（尤其是生成式人工智能）以及视觉计算等下一代技术，下一波数字化浪潮将产生深远的影响。韩国和德国推出了工业 4.0，这项计划就像 20 世纪末的全面质量管理一样，将影响整个世界。印度在经历了长达十年的数字化进程后，在数字技术的推动下，可能要开始从世界的后台成长为先进的制造强国。

你的公司可能在生产供实验室使用的医疗器械、家

第 1 部分
当钢与硅相遇

用的智能装置或是能监测健康状况的可穿戴设备。以前的扬声器能提供高保真的声音，如今的扬声器则是一种进行语音计算的会话界面，未来的扬声器将成为空间计算的一部分。今天的厨房里配备了各种常用的电器，明天的厨房里到处都会是传感器，利用软件来说明这些传感器的用途、需求和使用状况。读完本书，你不仅能通过增加数字功能来实现差异化，还可以借助这些数字功能来观察在用产品。对家用电器进行远程监控只是第一步，而确保这些家用电器在出现故障前得到修复，才是未来的发展方向。

你的公司也可能是汽车、农业与农耕、采矿、交通运输、物流或建筑等行业的一家重资产公司。自动化和自主化离不开在用产品的数据。农场和矿山比公路更容易配备遥感设备，因此生产重型设备的公司有机会理解数据图谱及数据网络效应是如何发挥作用的。在制定卡车、拖拉机和拖车的十年发展计划时，企业必须以融合性思维为指导。本书描述的战略将有助于你发现一些新方法，创造新的商业价值，开发竞争优势新的来源。

你可能是一位合格的工程师，但你无法说服公司最高管理层投入资金，实现工业产品的数字化。阅读本书

第 1 章
工业界：凡是过往，皆为序章

后，你就可以基于数字孪生技术，提出自己的投资主张。数字孪生技术可以提供数据，使产品持续升级。你会掌握一些将数字工程与商业表现联系起来的词汇。

你也可能刚刚从一所商学院毕业。在学校里，你掌握了以客户为中心的原则，但让你失望的是自己公司在处理数据时的老套做法、筒仓制度以及不全面的定义。阅读本书后，你将能够阐明投资于数据图谱的必要性，从而实现下一代以客户为中心的目标。

你也可能是在人力资源部门工作，主要任务是向员工宣讲公司的发展规划。阅读本书后，你就可以理解数据图谱和人工智能是如何指导公司上下各项决策的。你会发现，我们描述的融合战略会帮助你找到那些在融合世界中取得成功的领导者身上的特质。

你也可能是一位数据科学家，精通最新的模型和算法，但你发现自己所在的公司并未充分理解数据和人工智能重塑竞争后会产生哪些影响。你与同事坐下来，描绘自己所在公司的竞争地位，并提出可以获取更丰富的数据的方法，以增强公司的竞争力。你会发现，有一种框架能在竞争环境中将数据架构与商业设计结合起来，

第 1 部分
当钢与硅相遇

实现价值的再分配。

你的学位或职位并不重要。重要的是,你要认识到数字技术作为战略驱动因素的作用,还要相信工业企业能取得成功。有些专家声称,工业企业注定会走向末路,只有数字原生公司才能把握住未来的机遇。对此,你并不赞同。

我们与你的看法一致。我们深信,今天的领军企业要想取得成功,就要认识到工业部门的数字化趋势并采取应对措施。别再观望了。正如亚马逊创始人杰夫·贝索斯所言,"在做出大部分决定时,你手头的信息很可能只有自己希望掌握的 70% 左右。可要是你非要等到掌握了 90% 的信息才做决定,那么在大多数情况下,很可能你前进的脚步会很慢"。[6]

今天,我们邀请你阅读这本书,这是因为此时正是你阅读、反思和做出战略回应的最佳时机。就像圣雄甘地所说的,"未来取决于你今天做了什么"。我们担心,等到明天,可能就晚了。

第 2 章 数字初创企业战胜了消费业巨头

亚马逊每分钟可卖出超过 1 万件商品,其中有多达一半是基于个性化推荐销售出去的。当你访问亚马逊网站时,亚马逊的算法会预测出你在那个时刻可能想要购买的商品,并据此显示商品页面,这样就将选择范围从大约 3.53 亿件商品缩小到了你面前的这些。这就像是你和哈利·波特一起走进了对角巷(Diagon Alley)里的一家商店,那些神奇的货架重新排列起来,为的是让你最有可能买的商品离你最近,而其他商品都退到背景中。在实体店中,这是不可能的。

过去 20 年间,亚马逊通过分析人们的网页浏览数据、

第 1 部分
当钢与硅相遇

在 Prime Video 上的观看数据以及在 Amazon Music 上的收听数据，掌握了他们的购物记录并绘制出一张购物图。亚马逊对客户的深入了解还延伸到了语音助手（Alexa）、PillPack（在线药房）、实体店全食超市和 Amazon Go 无人便利店以及移动支付平台 Amazon Pay 等方面。亚马逊的算法能绘制出产品间的相互关联，并通过协同过滤算法，通盘考虑多样性（商品之间的差异程度）、意外性（推荐的商品有多出人预料）以及新颖性（推荐的商品有多新）等因素。得益于其丰富的数据和精细的个性化，亚马逊在美国电子商务市场中的份额超过了 40%，而排名第二的沃尔玛仅为 7%。

2021 年 5 月，谷歌宣布推出 Shopping Graph，并称其为"一种动态的人工智能增强模型，不仅能理解不断变化的产品、卖家、品牌和评论，尤其是直接从品牌和零售商那里获得的产品信息以及库存数据，而且能理解这些属性之间的关系"。[1] 该模型基于谷歌的机器学习算法，以及有关可用性、评论、颜色和尺寸等方面的实时数据。每天有超过 10 亿人在谷歌上浏览产品。Shopping Graph 可以向用户提供来自数百万个商家的 350 亿个商品列表。

第 2 章
数字初创企业战胜了消费业巨头

谷歌独特的 Knowledge Graph（知识图谱）实现了相关信息的互联互通，带给人们全面的认知。它不仅能检索出最符合用户搜索查询词条的信息，而且能帮助用户找到答案，鼓励他们探索和理解相关概念。在安卓系统、语音和图像搜索、Chrome 浏览器扩展程序、Google Assistant（谷歌助手）、Gmail（谷歌邮箱）、Photos（谷歌相册）、Maps（谷歌地图）、Google Cloud（谷歌云）、Google Pay（谷歌支付）、视频网站 YouTube 以及其他服务的加持下，Knowledge Graph 有助于谷歌迎接来自亚马逊的挑战。谷歌需要增加的是履约引擎，就像亚马逊专门用于商品配送的那种引擎。然而，谷歌并没有自建这种引擎，而是选择与加拿大的初创企业 Shopify 深化合作关系。谷歌让 Shopify 的 450 万个商户在谷歌平台上发布商品列表，提供将购物者和消费者连接起来的算法，并允许商户自己负责商品的配送。

如今，要打购物战，就要使用数据这种新型武器。这里的数据并不是指大数据范畴内的任何内容，而是指智能数据。借助智能数据，领军企业可以构建起自身独特的数据图谱，成为它们制定战略和开展竞争的依据。[2]

第 1 部分

当钢与硅相遇

利用数据图谱制定战略

2020 年 4 月，中国官方将数据确定为一种新型生产要素。[一]这表明信息正在全球范围内改变着商业模式、行业边界和市场结构。³然而，商业中的数据经常被忽视，仅用于日常生活，与战略的联系微乎其微。对淹没在数据湖里的公司和把数据存储在数据仓库里的公司来说，数据没那么重要，其他参数更重要。并非所有的高管都能认识到数据的战略价值。他们认为，数据既能创造价值，也会带来风险、监管限制，使用时也存在诸多敏感因素。有些高管对自己的直觉决策能力一直引以为傲，认为没有必要依赖数据驱动的洞察。很多高管在做出艰难决定时并不相信数据。

近年来，数据工具的发展表明，在云端存储并研究大量的数据要更容易一些。以往，企业主要通过记录型系统采集有关消费者、商品、数量、时间和价格等方面的数据。它们在日常经营（例如维修或保修服务）中使用这些数据。数据通常会被存储在数据库中，而这些数据

[一] 2020 年 4 月 10 日，《中共中央 国务院关于构建更加完善的要素市场化配置体制机制的意见》正式发布，数据作为一种新型生产要素被写入文件。——编者注

第 2 章
数字初创企业战胜了消费业巨头

库分别由企业的生产、市场、销售和会计部门维护。

在 21 世纪第一个十年的前期，互联网不断发展，而该十年的后期，智能手机经历了爆发式的增长。在这种背景下，企业开始使用 Facebook 的网页、X（原 Twitter）的信息流、TikTok 的视频和 Instagram 的账户等交互型系统，定期与客户沟通。企业借此建立起了初级客户关系，但只有少数客户有意愿与商家交流或互动。交互型系统是在记录型系统基础上的一次改进，因此企业会认为，它们正在尽其所能利用所有的数据。

过去十年间，有些企业通过在自己销售的商品中植入传感器、连接设备和软件，采集实时数据。企业借助这些技术，可以掌握消费者使用产品时的最新信息。企业可以采集每个产品的使用数据，将这些数据进行汇总后，它们就能获得有关所有产品和消费者的数据，然后对结构化或非结构化的数据，例如文本、图像、视频和音频等进行分析。通过系统地跟踪实时数据，亚马逊和谷歌这样的公司就能利用这些数据，建构起数据图谱，从而在竞争中占得先机。

数据图谱是我们几年前提出的一个概念，目前用在

第 1 部分
　　当钢与硅相遇

我们的教学和咨询工作中。数据图谱通过产品使用数据，描述了企业与其客户之间的关系、联系以及相互影响。我们受到社交网络与图谱理论的启发后，提出了这一概念。根据该理论，"社交图谱"表示个体（被称为"节点"）间的相互关联以及他们之间的关系（被称为"连接"），例如朋友、同事和导师等。[4]"图谱"一词是指连接的性质，它说明了网络中的一些重要元素，例如中心、连接者和网红。

这个概念最早出现在社会心理学家斯坦利·米尔格拉姆有关"小世界"的研究中。根据他的理论，我们每个人平均最多只需要六个人就能建立起社交关系。这一观点便是著名的"六度分隔"理论，但米尔格拉姆从未使用过这个词。社交网络理论假定，网络中的行为人（也就是"我们"）之间的关系和纽带意义重大。实践证明，这种观点是分析企业、行业、市场及社会的结构和变化的一个重要视角。

同理，一个公司的数据图谱反映出的纽带要比有关某些客户、产品、特征及用途的数据更加重要。这一结论是完全合乎逻辑的：当不同的数据实现互联，尤其是实时互联时，我们对这些数据的理解会比它们孤立存在时更深刻一些。如果使用的是静态数据，那么公司建立起的记录型系统或参与型系统最多也只能带来普通的启发性结论。通过实时跟踪产品使用数据，公司可绘制出数据图谱，从而为客户提供定制化的解决方案，而不是那种客户通常感到不满的千篇一律的反馈。

与年龄、性别或地址等静态数据不同的是，数据图谱是一种动态的表现形式。数据图谱在不断变化，这是因为它们基于实时数据，反映了数据科学家所说的"动态数据"（这里是指在网络中移动的数据流）。

每个数据图谱都具有三大特征，即规模、范围和速度。规模是指一个公司所跟踪的节点或数据点的数量；范围是指公司在每个节点处监测的特征的数量；速度是指公司收集数据有多快、频率是多少。

随着规模增加、范围扩大以及速度提高，数据图谱会变得更有价值。数据图谱的信息越丰富，公司就越有机会去影响那些对客户而言很重要的时刻，公司的战略选择就越全面。公司可根据新的产品或服务绘制出新的数据图谱，或者通过建立联盟或合作关系来充实现有的数据图谱。例如，谷歌与Shopify建立了伙伴关系，以深

第 1 部分
当钢与硅相遇

化其与后者的关系。⁵

有些公司还会通过收购其他公司来扩大自己数据图谱的规模、范围和速度。自微软 2015 年收购领英以来，领英的声望有所提升。从领英的职业数据图谱来看，大约有 8 亿专业人士在超过 7 000 万家公司里工作。试想一下各种可能性。微软的 CEO 萨提亚·纳德拉形象地描述了这种机会：

"人们要想找到工作、掌握技能、销售产品、开展营销、完成工作并且最后取得成功，离不开一个互联的职业世界。这需要一个充满活力的网络，能将一个专业人才在领英公共网络上的信息与他在 Office365 和 Dynamics 上的信息相结合。这种结合会带来全新的体验，例如领英新闻动态可根据你开展的项目提供文章，Office 会向你推荐一位专家，而你可通过领英与该专家建立联系，以更好地完成自己手头的工作……"⁶

相比各个人力资源机构整合并利用的信息，职业图谱的信息要更丰富、更全面。截至 2023 年，随着生成式人工智能日渐成熟，领英、Microsoft 365 和 Microsoft Teams 以 Microsoft Graph 为架构基础，都成为数据宝库。⁷

第 2 章
数字初创企业战胜了消费业巨头

有几个数字公司通过使用数据图谱（这些公司未必都使用我们这个数据；有些公司使用一种更通用的术语"知识图谱"，而该术语应与谷歌的 Knowledge Graph 产品加以区分），成长为消费品市场的领军企业。有些数字公司的产品与服务是消费者每天都在使用的。这些公司开发出了更成功的数据图谱，例如亚马逊的采购图谱、谷歌的搜索图谱、Facebook 的社交图谱、奈飞的电影图谱、声田的音乐图谱、爱彼迎的旅行图谱、优步的出行图谱、领英的职业图谱。这些领军企业使用数据图谱、专有人工智能以及商业算法，以便获得实时洞察，在个性化客户推荐、产品开发、服务提供、市场营销、广告推广和产品销售等各个方面战胜竞争对手。

数据网络效应的强大作用

要想构建数据图谱，第一步就是获取、解析产品使用数据。这个过程是在数据网络效应的帮助下完成的。当用户主动（通过使用产品或服务）或者被动（通过提供反馈意见）提供数据，从而提高了某个产品或服务对其

第 1 部分
当钢与硅相遇

他用户的价值时,便产生了数据网络效应。例如,人们每年会用谷歌进行 1.2 万亿次搜索,其中每次搜索都有利于谷歌丰富其 Knowledge Graph,完善其搜索引擎,提高其他用户的搜索质量,并改进谷歌基于生成式人工智能的助手 Bard。[8]

同样的逻辑也适用于声田、奈飞及爱彼迎:每个消费者分别与每首歌、每部电影或每个目的地互动,这种互动就会产生很有价值的数据,从而帮助这些数字巨头为其他消费者带来更好的体验。当某个企业借助机器学习算法来汇总和分析数据时,该企业就能学会如何根据集体信息,为网络上的每个人提供个性化的商业价值。公司促成的互动行为越多,数据网络效应就越大。

数据网络效应与直接网络效应的差异较大,因为后者会发生在这样一个公司——通过吸引新用户,该公司可增加其向所有其他用户提供的产品或服务的价值。这种现象在互联网时代的初期大受欢迎。当时,第一批数字公司利用直接网络效应,在诸如社交网络、电子邮件及信息传送等业务领域持续发展。随着用户群的不断扩大,数量更惊人的配套产品及服务获得了长足发展。这种间接网络效应也让企业受益匪浅。例如,安卓设备的销量持续增长,这促使软件开发商主动为谷歌的应用商店 Google Play 编写更多的应用程序。这样一来,这个操作系统就会更吸引潜在的客户和开发商。

与直接网络效应和间接网络效应不同的是,数据网络效应无须公司通过吸引更多的用户来增加自身网络的价值。即使无新用户加入,也无老用户离开,用户的持续参与以及用户对产品使用数据的贡献,也会使数据网络效应的价值不断增加(见图 2-1)。

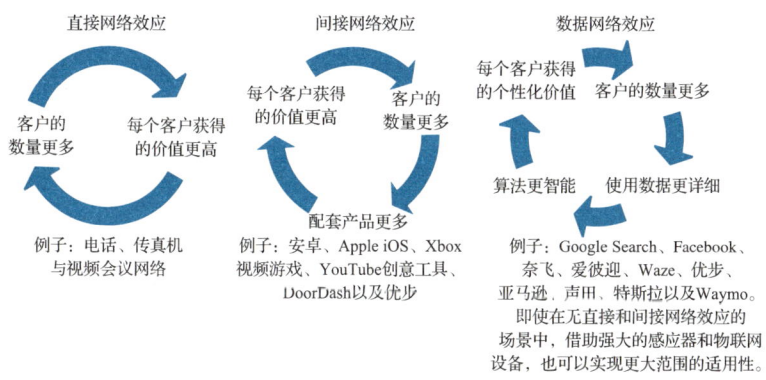

图 2-1 数据网络效应与直接及间接网络效应的比较

数据图谱背后的科学依据出现在数字化趋势兴起之前。数据图谱并不是使用线条来将不同的点连接起来,勾画出一张图。相反,数据图谱通过结构化或非结构化的数据、结构化数据标记或表达意义的代码,将某些实

第 1 部分　当钢与硅相遇

体与其他实体连接起来。人们无法手工绘制出一张数据图谱的简图。要想收集世界各地的消费者使用某个公司数百万件产品的实时数据，从而利用强大的算法来绘制出数据图谱，阐释及分析最终生成的图谱，离不开数字技术。企业需要借助算力、人工智能和机器学习来绘制并研究数据图谱，然后生成有价值的洞察。正因如此，直到 5 年前，使用数据图谱来制定战略才成为可能。

率先使用数据图谱企业的制胜之道

率先使用数据图谱的企业收集并分析它们的产品使用数据，很快就可以将得出的结论用于完善自己的产品和服务。它们不断细化数据的分类和标记，寻找不同品类之间的关系，以便它们的人工智能可以做出个性化的推荐。它们不断完善算法，使推荐都能基于最新的数据，这样有利于提高客户的参与度、满意度和忠诚度。数字公司之所以能抢先一步，而且保持领先优势，是因为它们通过数据图谱激活了三种力量，进而持续强化了它们创造和获取价值的能力（见表 2-1）。

表 2-1 数字公司如何在直接面向消费者的市场中发挥网络效应

率先使用数据图谱的公司	直接网络效应	间接网络效应	数据网络效应	数据图谱说明
爱彼迎	否	是	是	旅行图
亚马逊	否	是	是	购物图
美国运通	否	是	是	消费图
Coursera	否	是	是	技能图
Facebook	是	是	是	社交图
谷歌	否	是	是	搜索图
领英	是	是	是	职业图
奈飞	否	是	是	电影图
Stitch Fix	否	是	是	时尚图
声田	否	是	是	音乐图
推特	是	是	是	影响力图

注：我们添加了数据图谱说明，旨在强调不同公司所代表的领域。这些说明文字未必在公司内使用。

数据图谱实现规模化与实时化学习

数据图谱能够捕捉个人的生活、工作、玩乐、学习、音乐、社交、观看、交易、旅行、消费以及与企业相关的其他行为。数字化使得这些行为可以大规模地被实时观察和编码。例如，Meta 的系列数据图谱基于七个平台（Facebook、Messenger、WhatsApp、Instagram、Oculus、元宇宙平台和 Threads）超过 30 亿用户的数据。

Meta 跟踪每个用户的行为：哪些人是他们的朋友，

第 1 部分
当钢与硅相遇

哪些人不是他们的朋友,或者他们把信息发给哪些人;他们去哪些地方旅行;他们谈论的品牌有哪些;他们看什么电影;他们听什么音乐。Meta 掌握了收集用户实时数据的技巧,而这些数据基于其会员与登录次数、点击量、访问时长、网页浏览量和搜索之间数十亿次的互动。

这样一来,这个数字巨头就能试运行、开展试验以及完成内测和外测,从而确保会员愿意花时间了解其产品。例如,在 Facebook 上向某个人展示一则帖子或广告之前,Facebook 会根据用户以往的行为模式,在大量库存的帖子或广告中进行筛选,最后选出大约 500 个用户有望互动的选项。接着,Facebook 的专有神经网络会对这些选项进行排序,最后会通过文本、音频和视频平台等多种媒介展示给用户。借此,Facebook 可以确保用户与上述内容互动,而一旦用户这样做了,就会在短时间内扩大其社交图谱的规模。

数据图谱持续扩展并优化服务范围

那些率先使用数据图谱的企业大多以一种机器可阅读的图形形式来整理它们收集的数据。例如,爱彼迎的

第 2 章
数字初创企业战胜了消费业巨头

旅行图谱基于其大约 700 万个标记为实体（城市、地标和事件等）的民宿房源，以及这些民宿之间的关系（最佳旅行时间、知名教堂和最佳演出等）。当消费者在社交媒体上使用爱彼迎精选的旅游体验和标记位置时，数字公司就会跟踪每个人租用的房间、参观的名胜、就餐的地点以及观看的演出等信息。

通过这种跟踪方式，爱彼迎将每个人消费的产品联系起来，对所有消费者的数据进行汇总，根据产品的相似性对数据进行归类，进而向未来的访问者提供个性化的建议。这种建议不仅涉及待租民宿的类别，也涉及最佳的就餐地点或者最好的游览时间。爱彼迎有能力不断扩大其产品的范围。借此，爱彼迎相比传统酒店能提供更好的客户服务，因为在传统酒店里，客户数据都保存在各部门的数据孤岛里（例如，预订部获得酒店预订数据；礼宾部获得短途旅行和餐馆的数据；水疗中心获得客户以往服务的数据）。

数字公司大多从谷歌的 Knowledge Graph 中得到了启示。我们都在物理库内开展研究，但那里的数据以独立的数据孤岛形式存储。然而，谷歌并不是虚拟库。过去 20 年来，谷歌已经建成了更加互联的系统，能将其收

第 1 部分
当钢与硅相遇

集到的事实都整理成不同的独立要素。每个要素提供不同类型的信息,但与很多其他要素相互关联。谷歌推出数据图谱时,它已完成对 5 亿多个实体、5 亿多个相关事实以及无数关系的索引。自那以后,谷歌的 Knowledge Graph 的规模和范围以及基础数据库一直在不断增长。

谷歌的优势体现在它创建的数据集。这些数据集说明了不同实体之间的所有关系,有利于其算法理解每次搜索的语境。例如,当用户在谷歌的搜索栏里输入"美洲豹"时,他是在搜索南美洲的动物、英国的汽车品牌,还是美国的橄榄球队?一开始,谷歌的算法无法明确到底是哪个。根据过往模式和用户行为,谷歌制定出基于条件的规则,进而预测出是特指哪种。例如,如果某个用户最近搜索过动物,那么有可能他想更深入地了解的是动物,而不是汽车或橄榄球队。

要想得出这个结论,谷歌在基于图谱的架构内组建并连接所有的数据库。这种基于图谱的架构有利于谷歌对各种查询,甚至是口头查询做出答复,例如"嘿,谷歌!给我预订两张下周三参观古罗马广场和罗马角斗场的门票,把费用记在 Google Pay 上"。由于基础知识用图谱来表示,算法不仅理解用户提出的问题,而且知道

第 2 章
数字初创企业战胜了消费业巨头

"古罗马广场"和"罗马角斗场"是位于罗马的景点,下周三是 4 月 19 日,"预订"是指购买门票,"把费用记在 Google Pay 上"是指使用绑定的信用卡。算法不会误解这些词语的含义。

随着消费者之间的互动以及词义的变化,谷歌完善并更新了基础的 Knowledge Graph,以表示各种关系。就以某个登山者的一次搜索查询为例。他徒步登上过亚当斯山,下一个目标是登上富士山。他可能会问:"与亚当斯山相比,登富士山之前需要准备的东西有什么不同?"这个用户需要进行多次搜索才能找到答案。2023 年,谷歌能提供更准确的答案了,这是因为不同数据库之间建立起相互关联,不同语言间实现了无缝切换。如今,在 Bard 上能看到这种功能的影子。然而,随着数字公司推出对话式界面,消费者通过词语、图像、数字和语音便可进行交互,生成式人工智能有望丰富数字公司的产品。

模拟公司仅保存采用不同数据格式的记录,记录的是消费者在不同产品所有者那里购买的具体产品的信息。这些公司很难确定消费者不同产品或业务类别间的购买行为。这一弱点为数字公司带来了机会:数字公司通过

第 1 部分
    当钢与硅相遇

开发出在逻辑上使不同实体建立意义联系的系统,可以看到消费者对于不同产品的偏好模式,从而创造出不少商机。数字公司利用这些机会,找到市场的缝隙,不断地向众多市场渗透。随着时间的推移,它们持续拓展商机,直至主宰市场。

这一策略依托的是数据图谱的规模和范围,因此老牌企业最好不要忘记网络安全这一老生常谈的问题:防守者思考的是清单,攻击者思考的是图谱。后者总能获胜,那是因为防守者在制订针对具体攻击的防守方案时,攻击者却深知不同数字系统是相互关联的。攻击者会发现最脆弱的节点,开始渗透、夺取控制权并最终进入整个网络。同理,数字图谱是一种动态网络,由采用图形形式的互联的节点组成,因此这种网络能揭示更多更好的机会。

企业通过打造独特的商业算法,最终占得先机

数据图谱可通过商业算法转化成商业价值。这里的商业算法是指创造并获取商业价值的规则。那些领军企业的独特优势来自它们打造的数据图谱以及它们开发的

商业算法。商业算法有利于开展四种分析——描述性分析("发生了什么")、诊断性分析("为什么发生")、预测性分析("可能会发生什么")以及规范性分析("应该发生什么"),以有效的方式将这四种分析结合起来,从而形成竞争优势。

以奈飞为例。与 Facebook 和领英的用户不同,奈飞的用户之间并无关联。即便如此,流媒体服务通过实时跟踪某个观众在其平台上观看的内容,就能推断出该观众的消费偏好,从而绘制出这个观众的电影图。奈飞并不出售客户数据,但相比娱乐行业内的竞争对手,奈飞能从产品使用数据中获得更大的价值。

奈飞拥有每个观众正在观看的每个电影或节目的详细数据:日期、时间以及观看地的区号;屏幕类型(手机、平板电脑、计算机或者电视);观众暂停、快进或倒回的位置;观众开始观看和停止观看的位置。此外,奈飞通过详细记录某个观众浏览菜单的方式以及点击的内容,收集了有关该观众观看某个电影或节目的主要原因的精细数据。

基于这些数据,奈飞利用算法为每个用户提供定制

第 1 部分
　　当钢与硅相遇

化的主屏幕，并持续升级主屏幕，而且随时向用户推荐他可能喜欢观看的内容。2001 年，在奈飞推荐的内容中，仅有 2% 被 45.6 万用户选择。到了 2020 年，接近 80% 的观众选择了奈飞在主屏幕上推荐的内容，而不是自己搜索要观看的内容。当年，奈飞的用户超过了两亿。

除了产品使用数据外，奈飞按体裁、语言、演员、导演及其他特征对所有内容进行了标记。用户评分（仅有赞成或反对这两种形式）与用户的明显偏好成为奈飞专有算法的数据来源，从而打造出每个观众的考虑集。例如，如果有个用户昨天观看了一部电视连续剧，那么在进行评价时，这次观看行为的重要性应该是他一个月前观看行为的两倍还是十倍？算法如何解读这个观众仅观看了十分钟节目后就放弃了，在周末追剧以及在某些电视剧上映后立刻匆匆看完？这些特征对所有用户都很重要，但重要程度因人而异。

奈飞的优势在于它能利用数据图谱来训练人工智能，进而打造出数千个虚拟品位社区，也就是那些会与你观看相同内容的群体。这些社区关系到能否为每个用户制定并提供个性化的推荐。在奈飞努力赢得其所说的"关键时刻"，即某个观众决定是否要观看奈飞上的内容之前长达两分钟的窗口期,这些社区会发挥积极的作用。如果该观众并没有观看奈飞推荐的内容,那么奈飞在这场观众争夺战中便败给了其他服务提供商,例如 Apple TV、Max、Hulu、Disney+、Peacock、有线电视点播节目,或者老派电视节目。2015 年,据奈飞估算,它的个性化推荐引擎避免了用户取消他们订阅的内容,因此公司节约的支出超过 10 亿美元。

奈飞的数据图谱对其内容开发策略甚至会有一定的指导作用。奈飞能预测观众将要观看的内容,因此它利用这些独有的洞察,可制作出更有可能取得成功的电影及电视连续剧。好莱坞的电影公司制作影片时,大多依据直觉和以往的票房收入。电视网根据尼尔森收视率来确定电视节目和广告的报价。这些前数字时代的指标不仅过于原始,而且无法适应个性化的服务。借助数据图谱,奈飞便可改变规则,从取消试播节目——奈飞在竞标中战胜 HBO,获得了《纸牌屋》的制作权,而且凭借其数据和算法,获得了《王冠》的制作权——到通过同时发布全部剧集来鼓励观众追剧。

随着奈飞推出广告支持的分级订阅,它必须扩大数据图谱的规模和范围并提高速度,将重点放在能给广告

第 1 部分　当钢与硅相遇

商带来商业价值并尽量降低客户不满和失望情绪的广告上。奈飞决定与微软合作，毕竟微软是数据图谱方面的先行者，而奈飞最近几年才全面进军人工智能领域。这项决定可能会培育出一个可与谷歌和 Meta 抗衡的广告巨头。

策略分析师必须牢记的是，在数字世界里，商业算法的作用是决定成败的关键：Facebook 战胜了 Myspace，谷歌战胜了 AltaVista，声田战胜了 Pandora，亚马逊战胜了其他零售商。商业算法是一种专有的推理与推断引擎，实现了描述性分析、诊断性分析、预测性分析和规范性分析的相互融合。在开展这些分析时，不应逐一分别进行。那些领军企业能运用商业算法，通过包含大量相互关系以及依存关系的信息的数据图谱，在一个总体框架内同时进行这四种分析。

生成式人工智能驱动下的数据图谱

作为人工智能发展的下一个转折点，生成式人工智能可以采用非结构化的形式，从 GPT-4、PaLM、Stable Diffusion 以及 DALL-E 2 这类基础模型中生成新内容。

这些模型之所以令普通人和专业人士着迷，是因为它们无需复杂的编程即可创作文本、音频、图像、动漫和电影。

生成式人工智能聊天机器人利用基础模型和广泛的神经网络来完成各种任务。这里的神经网络都经过定量、定性以及非结构化的各种大型数据集的训练。不同于狭义人工智能（它通常完成的是单项任务，例如预测客户流失或是优化生产运行），生成式人工智能是一个多面手。它能撰写技术总结报告、提出新产品开发建议、编制各种不同的菜谱、完成复杂的编程工作等。

GPT 中的三个字母，即 G（generative，即"生成"）、P（pretrained，即"预训练"）和 T（transfromer，即"转换"），正好体现了核心理念。转换是一种经过深度学习训练的人工神经网络，而这里的深度学习是指神经网络的多层结构。GPT 模型需要大规模的开发投资，这是因为训练这些模型需要大量的计算资源，优化这些模型需要投入大量的人力。GPT 主要由微软（通过 OpenAI）、谷歌、Meta 和英伟达等科技巨头设计。其他科技巨头基于基础模型，开发文字加工、写作助手、产品设计、媒体和广告、艺术及软件代码生成等方面的应用程序。

生成式人工智能可以生成有关类固醇的数据图谱，

第 1 部分
　　当钢与硅相遇

以提供信息量更大的洞察。意料之中的是，那些率先使用数据图谱的企业正在争先恐后地运用这项技术，使它们的图谱更加强大。例如，谷歌和微软正深陷一场使用生成式人工智能的全新搜索大战。通过向 OpenAI 进行数十亿美元的股权投资，微软正在对其必应搜索引擎开展重构，以便向谷歌通过广告实现搜索盈利的做法发起挑战。同时，谷歌正在通过 Bard 来增强其搜索结果。如果没有生成式人工智能，在谷歌上搜索查询（比如"对有几个不到三岁的孩子和一只狗的家庭来说，去哪里更合适，布莱斯峡谷还是大峡谷"）时，用户不得不仔细查看好多个链接，然后才能做出决定。可要是使用生成式人工智能，会生成一个答复（尽管是链接的形式），并且随着语境的不断细化，用户可以继续查询。这就像是在进行日常对话。谷歌下一步将依托 DeepMind，开展长达十年的人工智能投资。作为 Alphabet 旗下的公司，DeepMind 开发出的人工智能程序曾击败世界围棋冠军。

　　购物战也在使用生成式人工智能这一武器。谷歌使用其 Shopping Graph——在 350 亿个产品页中，每小时会更新大约 18 亿个产品页，并根据产品、评论和库存状况等方面的实时数据，打造一种生成式人工智能驱动的购物体验。亚马逊正在使用生成式人工智能来总结客户评论，从而省去了顾客只有读过所有评论，才能了解正面和负面反馈的麻烦。

与此同时，Meta 正在开发嵌入了生成式人工智能的工具，以帮助广告商设计出能吸引不同个体的个性化广告。同时，广告公司 WPP 与英伟达建立合作关系，不断开拓个性化广告的新领域。谷歌与微软－奈飞建立的伙伴关系也会使利用生成式人工智能的广告战变得更加激烈。[9]

声田推出了 DJ 这个人工智能驱动的唱片骑师。DJ 将其对音乐图的知识与生成式人工智能结合起来，采用个性化指南这种形式，既了解某个人的音乐品位，也能相应地刷新这个人的音乐表单。爱彼迎正在其平台上使用 ChatGPT，而且承诺将依托生成式人工智能这一核心技术，为用户带来全新的旅行体验。生成式人工智能的演进改变了数据图谱的用途，未来有望出现更强大的技术创新。

通向工业数据图谱之路

数字公司通过使用数据图谱和人工智能设计出各种

第 1 部分
　　当钢与硅相遇

商业模式，使消费市场的很多领军企业不得不退出市场。目前日益明显的另一趋势是，企业要想在数据驱动的领域参与竞争并赢得胜利，必须能设计独特的数据图谱并开发差异化的商业算法。鉴于消费行业中的众多老牌企业尚未认识到数据、数据图谱和算法的颠覆性作用，数字公司会在短时间内超越它们。

数字公司能否利用数据图谱和算法来制定战略，以此与那些目前仍靠专有技术、工厂、机器和基础设施来获得价值的工业企业展开竞争，这样问倒也无可厚非。要是数字公司能做到这一点——它们也没有理由不能，工业企业必须学会如何迎接来自数字公司的挑战。在下一章，我们将介绍工业企业如何通过学习绘制自己的工业数据图谱，在数字世界中谋求生存，甚至发展壮大。

第 3 章　工业巨头正在奋力抵抗

当数字转型危及自身经营时，重资产的工业企业并没有坐以待毙。ABB、卡特彼勒、艾默生电气、富士康、通用汽车、霍尼韦尔、约翰迪尔、罗尔斯-罗伊斯和西门子等企业认识到，数字初创企业可能会给它们带来颠覆性的影响。这些企业目睹了轻资产的工业企业因对威胁做出误判而承担的后果，所以它们选择投入时间和资金来建立数字化流程，并且将数字化运营迁移到云端。

然而，仅采取这些举措还不够。工业企业必须调整工作重心，迅速实现核心业务（即核心产品）的数字化。它们要本着数字化优先的原则，重新设计建筑设备、拖拉机、输变电系统和汽车等工业机械。必须把工业时代

第 1 部分
当钢与硅相遇

的现代人工制品设计为可实时观测、远程微调以及利用算法优化的产品。工业企业要彻底转变对产品设计的认识，因为这关系到它们能否成功地应对数字化挑战。

所有工业产品都实现数字化的时间会比工业企业预期的还要早。工业企业必须有能力传输客户在不同地点使用产品的数据。这是推动工业企业迈向工业 4.0①的关键所在。[1] 这一转变具有战略性和颠覆性。数字原生公司凭借新型竞争力进入工业领域，迫使工业巨头从轻资产行业经历的惨剧中吸取教训。

有些 CEO 已在积极谋划，帮助企业在融合未来中找准定位。自 2020 年起，约翰迪尔的 CEO 约翰·梅就通过将"可加快先进技术融合的智能工业战略与约翰迪尔卓越制造的传统"（根据该公司自己的描述）相结合的方式，塑造该企业的数字工业战略。[2] 约翰迪尔的目标是向农业和建筑业领域的客户提供智能、互联的机器和应用程序，以释放客户的运营价值。约翰迪尔的技术栈包括硬件、软件、导航系统、连接性及自动化技术，同时还具备提升机器智能和自主性的功能。我们发现，约翰迪

---

① 工业 4.0 是将现代自动化技术、物联网技术和软件技术应用于工业制造过程的总称。——编者注

第 3 章
工业巨头正在奋力抵抗

尔的技术栈就是策略栈，体现了它发展成智能工业企业的路径。

作为一位训练有素的计算机工程师，霍尼韦尔前 CEO 达里乌斯·亚当奇克将软件融入公司的核心业务。新任 CEO 维马尔·卡普尔精通如何推动数字化转型。他在一次接受采访时说："我们一定要有勇气彻底改变以往的做法，变得更像一家软件公司。"霍尼韦尔以软件竞争力为驱动因素，努力释放客户价值，提高运营效率。霍尼韦尔甚至是 Quantinuum（一家从事工业场景下量子机器学习研发的公司）的大股东，这有望加快霍尼韦尔的数字化转型。

同样，在 2021 年，时任大众集团 CEO 赫伯特·迪斯在德国沃尔夫斯堡说："如今数据和电力正在驱动我们前进。我们提升了电动汽车的充电体验。我们提供软件的云端升级……而且直接与客户沟通。大众成为 New Auto（意为'新汽车'）竞争中最具先发优势的企业之一。我们必须完成一次转型，从一个拥有众多重要品牌的公司转变为一个能可靠地操作世界各地数百万台移动设备的数字公司。"大众的新任 CEO 奥博穆一直坚持 New Auto 这一路线图。根据该路线图，大众要迈出大胆

第 1 部分
　　当钢与硅相遇

的一步,搭建一个统一的技术与软件平台,包括全新的汽车操作系统、云平台以及适用于大众所有品牌的全新车体架构。[3]

农业机械、建筑和材料、航空航天和汽车行业都各自有遗留问题,但它们也都面临着相同的机遇与挑战。数字世界与物理世界不断融合——大钢铁与大数据、钢与硅、物理架构与数字架构(带有机器与云之间的数据链路),它们需要重塑自身的角色与价值。在互联互通这一新趋势下,传统公司的出路在哪里?它们面对的是不断融合的未来。它们今天的行动将决定明天能否取得成功。

身处数字创新、颠覆和转型这场风暴的可不止上面这四个行业,但它们能说明当下行业内的应变之策。这足以引起每个工业企业高管的重视,促使他们认真思考自己的战略选择。毫无疑问,他们必须从工业数据图谱入手。

工业数据图谱的独特优势

消费者和工业数据图谱都基于产品使用数据,但在很多方面存在差异。在绘制、建构和使用数据图谱之前,

第 3 章
工业巨头正在奋力抵抗

重资产企业必须认识到这两类数据图谱的区别。

消费者数据图谱依据的特征数量有限。例如,某个消费者是否喜欢某个广告,并接受广告中提到的折扣价?对于这个问题,仅凭简单的协议,便可通过远程追踪轻松得出答案。相比之下,工业数据图谱基于机器实地作业时的几项复杂特征。获取严寒天气下自动驾驶汽车在湿滑路面行驶的数据、播种季节拖拉机在农场上的作业数据,与记录消费者音乐和电影偏好的数据是不一样的。

工业数据图谱所依据的数据量可能比消费者数据图谱要小一些,但前者很可能是多模态的,涉及数字、文本、三维图像和语音交互。工业企业可以实时收集很多不同类型的数据,例如缺陷图像、机器声音以及自动化流程的视频信息流。

要说明构建消费者数据图谱的必要性,其实不是难事,毕竟这类数据图谱规模大,而且智能手机应用广泛。然而,要想构建工业数据图谱,需要有令人信服的投资逻辑,证明丰富的数据和商业成果之间存在紧密关联。

消费者经常有意或无意间允许数字原生公司获取他

第 1 部分
　　当钢与硅相遇

们的个人数据。但工业企业必须事先征得客户同意，之后方可访问、收集并分析在法律上归属权属于客户的产品使用数据。工业企业要想让客户共享数据，往往需要和他们签订正式合同，还要有一些激励措施。企业必须赢得客户的信任，让他们相信企业会保管好他们的个人数据，并且要通过向客户提供他们本人无法获得的商业价值，让客户一直对企业保持那份信任。

　　工业数据图谱会涉及一些极其重要的活动。如果亚马逊未能按时发货，那可能会给客户带来不便；如果奈飞推荐的节目枯燥无味，那会让客户感到恼火。然而，如果航空发动机出现故障或是自动驾驶汽车无法准确解读路况，后果是致命的。与消费者数据图谱相比，工业数据图谱所需的技术基础设施、数据准确性和分析能力一定要更稳健、更强大，因为后者面临的风险更大。

　　工业数据图谱的好处可通过财务数字进行量化，而消费者数据图谱很可能只会产生间接影响。例如，飞机制造商可以通过量化航空发动机的可靠性和运行时间，对客户利润受到的影响进行评估。相比之下，消费品公司只能使用消费者流失率或消费者参与度等指标，间接地衡量客户利润受到的影响。

消费者数据图谱可通过广告或订阅模式赢利,但工业数据图谱则需要不同的变现方式。大部分情况下,工业数据图谱无法通过广告获得收入,只能利用数据带来的洞察和个性化推荐,向客户提供价值,以此来实现赢利。

工业数据图谱和生成式人工智能:力量倍增因素

数实融合战略建立在工业数据图谱,当然还有人工智能的基础上。几十年来,工业企业一直身处人工智能应用的前沿领域,包括石油勘探、航线规划、交通路线优化、网络安全以及风险管理等。这些应用场景一直都限于专有领域,行业内或行业间很少会共享数据。

目前,工业企业面对的是生成式人工智能的高速发展期。虽然生成式人工智能写论文、作诗、绘图、谱曲或是拍电影的新闻层出不穷,但是它的真正优势在于能改变商业逻辑,形成全新的竞争优势,使传统的优势失

第 1 部分
当钢与硅相遇

去价值。生成式人工智能不仅能逐渐提高生产力，而且能形成新型经济价值。在此过程中，它有望重塑不同行业和生态系统内竞争关系的性质。那些尚未认识到这一点的公司一定会错失良机，甚至面临生存风险。

公司借助互联网创建了电子商务渠道，而智能手机使移动商务成为可能。这两大创新成为影响消费场景的最主要因素。就生成式人工智能对工业企业的潜在影响而言，这项技术堪称改变工业企业竞争逻辑的利器。此外，这项技术能生成复杂的设计，从多模态数据中形成洞见、挖掘趋势，主动预测并响应变化，处理模糊和不完整的数据。经过特定语境下相关数据的训练后，生成式人工智能可以准确、迅速地回答复杂的提问，解决非线性问题。我们赞同麦肯锡的分析结论：在未来 18 个月里，生成式人工智能将对重资产和信息密集型部门及行业产生最大的影响。[4]

例如，彭博社于 2023 年 3 月发布了一款全新的生成式人工智能模型——BloombergGPT。[5] 与 OpenAI 及其他公司发布的 GPT 模型不同的是，这款大语言模型经过了各种不同的财务数据的训练，可完成金融行业的多种自然语言处理任务。本质上，彭博社正在利用这项技术，

第 3 章
工业巨头正在奋力抵抗

为每个金融专业人士创建一个协作者。可汗学院的创始人萨尔曼·可汗也在利用人工智能为平台上的学生创建个性化辅导工具 Khanmigo。[6]

特定行业的专用模型将加速生成式人工智能改造工业领域的进程。这一创新仍处于初期,因此每个公司都应对这项技术进行试验,设置好相应的防护栏,确保最终的成果是可信的。图 3-1 是生成式人工智能架构示意图,其中包含工业领域内明显不同但又相互关联的技术栈。随着这种架构的演进,数据图谱和生成式人工智能将共同推动并塑造数实融合战略。

特定公司的模型和插件	通用汽车 梅赛德斯-奔驰 Waymo 特斯拉	约翰迪尔 拜耳 凯斯	卡特彼勒 ABB 约翰迪尔	霍尼韦尔 西门子 柏克德
特定领域、垂直行业的GPT	汽车	农业	建筑	建筑物
云平台(云开发商可用的计算硬件)	亚马逊云服务(AWS),甲骨文,微软Azure,IBM			
计算硬件(模型训练的专用芯片)	英伟达,谷歌,AMD,英特尔,台积电,IBM			

图 3-1 生成式技术栈可能对工业领域产生的影响

第 1 部分
当钢与硅相遇

工业巨头应如何利用数据图谱和生成式人工智能？

要将数据图谱和人工智能融入企业战略并获得竞争优势，工业企业必须遵循以下三条原则。

1. 通过三方孪生实现数据网络效应

工业企业通常会利用数字孪生三种类型中的一种或多种。产品数字孪生是指在设计和开发阶段的虚拟环境中的产品（设计的产品）。工艺数字孪生是指以数字形式表示的端到端的制造工艺（制造的产品）。作为一种最新的数字孪生，性能数字孪生是指以数字形式表示正在使用的产品，以便跟踪并收集有关产品性能的影响因素的数据（使用的产品）。

工业企业通常会在不同职能部门内使用数字孪生技术。具体来说，工业企业会把产品孪生委托给研发部门和设计组，把工艺孪生安排给供应链和运营团队，把性能孪生交给营销和服务部门。如果各部门可独立提出、资助并开展数字孪生，而且保持明确的界限，那么从狭义上讲，这样会产生效益。将三种数字孪生结合起来便可产生工业数据网络效应。我们将此称作"三方数字孪生"（见表 3-1）。

表 3-1 三方数字孪生

显著特征	产品数字孪生（设计）	工艺数字孪生（制造）	性能数字孪生（使用）
愿景	表示在设计和开发阶段的虚拟环境中的产品	表示端到端的制造工艺	以数字形式表示正在使用的产品，以便跟踪并收集有关产品性能的影响因素的数据
部门职责	产品设计师	制造和供应链负责人	市场营销人员、服务工程师、经销商和合作伙伴
优势	在配置部件和子系统时进行权衡，以设计出最优产品	对制造工艺进行微调，以实现最高的运行效率	在现场跟踪并收集详细的性能数据，借此实现数据网络效应

三方数字孪生可以回溯具体零件、生产线、一级供应商及其供应商的现场数据。只要关键要素能实现端到端的无缝连接，三方数字孪生就有望释放工业部门的价值。如果把产品数字孪生与工艺数字孪生结合起来，就能一次性大幅度地提高效率。但如果没有性能数字孪生，这两种数字孪生就无法产生数据网络效应。性能数字孪生要充分发挥其作用，离不开来自现场的源源不断的数据。

第 1 部分
当钢与硅相遇

试想一下,有这样一个控制中心,其中的制造商使用多个监测器来监测所有机器的性能。这有利于管理人员了解机器在其目标功能层面运行的方式、时间和地点,机器出现故障的位置,以及让机器重新上线所需的时间。借助三方数字孪生,管理人员可借助图表数据库对造成故障的根本原因进行持续分析,找出针对不同客户的替代性干预机制。

在特斯拉汽车发生的一次车祸中,三方数字孪生的优势就体现了出来。依托现有的三方数字孪生技术,特斯拉便可获取设计时的产品数据、流程数据(例如生产线、机器人以及生产这辆车的人)以及相关的性能数据(例如速度、行驶方向、安全带状况、天气以及汽车是否由人类驾驶或者自动辅助驾驶系统是否启动)。在救援车辆到达事故现场之前,特斯拉公司通过其三方数字孪生技术,可将此次车祸的相关数据与以往所有其他车祸数据联系起来,并对造成这场事故的原因提出假设。当公司的多个团队大范围地快速研究这些数据时,他们会提出新的方法,以最大限度地减少故障(如果无法消除故障的话)。相比之下,很多传统车企只保存设计与制造数据,而这类数据都存储在孤岛式的各个职能

第 3 章
工业巨头正在奋力抵抗

部门中。这些车企甚至不会收集汽车的使用数据，结果就无法查出造成车祸的根本原因，也无法提出新的改进方案。

当三方数字孪生技术用于无缝数据流时，生成式人工智能系统便可查出导致灾难性故障的合理原因，例如，那些如果置之不理就可能导致严重问题的事件。像英伟达、C3.ai、PTC 以及西门子这类技术企业开发的技术为工业企业提供了路径，使后者有能力将三个完全不同的数字孪生整合到一个共同的框架内，并依托该框架来应用和利用生成式人工智能。表 3-2 总结了利用工业数据图谱重塑工业界竞争格局的重要企业。

企业通过应用程序和 Cookie 收集消费者行为数据已是常态。然而，工业领域才刚刚开始探索多源数据融合的潜力。以罗尔斯-罗伊斯为例。该公司成立了 R^2 数据实验室，通过分析航空发动机数据来提升其向商业航空公司提供的服务。[7] 相较于其他发动机制造商，该公司的竞争优势在于其处理高容量、多品类、高流速数据的能力。要维持工业数据领域的领导地位，它必须用好三方数字孪生并发挥数据网络效应。

表 3-2 利用数据图谱重塑工业竞争格局的重要企业

工业部门	利用数据图谱重塑竞争格局的重要企业
农业	约翰迪尔、拜耳（孟山都＋气候公司）、凯斯以及陶氏
个人出行	优步、Waze（谷歌）、滴滴、Ola 以及 Grab
汽车机动性	特斯拉、Waymo（谷歌）、老牌车企（通用、福特、奔驰、宝马、丰田、现代等）、大陆、博世以及火石
商业建筑运行	霍尼韦尔、罗克韦尔自动化及西门子
航空公司与飞机运行	通用电气、罗尔斯-罗伊斯、波音、空客以及其他一级供应商
油气与能源	石油巨头、斯伦贝谢、贝克休斯、艾默生电气及哈里伯顿
商业物流	UPS（联合包裹）、联邦快递、敦豪、诺福克南方、BNSF 铁路及 CSX
个性化医疗	大型制药企业、西维斯、蓝十字与蓝盾协会、医疗服务提供商、苹果、谷歌、数字医疗初创企业
智慧城市	IBM、威瑞森、三星及谷歌
新零售与全渠道购物	主要畅销品牌、零售商店和数字初创企业、亚马逊、阿里巴巴、沃尔玛及 Target

2. 加强产品本体

在消费场景中，奈飞对其订阅者在各种不同的题材、语言和情绪下观看电影的本体进行了解读，并利用从中获得的认知来提供最佳的推荐方案。[8] 爱彼迎不仅跟踪每个人租用的房间，还跟踪其他方面的信息，例如参观的名胜、就餐的地点以及观看的演出。通过扩大数据图谱的范围，爱彼迎可以提出有针对性的、更个性化的推荐。[9] 同样，工业企业必须扩大数据图谱的本体，以便为客户带来最优的价值。

不妨看一下Mineral。它是Alphabet企业架构中专注于农业的一家公司。农业数据化是一个循序渐进的过程，但其潜在的收益是巨大的。Mineral的运营秉承一项总体原则，正如公司网站上宣传的那样，"大部分公司在收集数据时，数据的数量、多样性和质量都无法确保企业充分发挥机器学习的优势。正因如此，我们开发的工具可以更好地获取、整理、清理并加强多模态数据，而且我们建立了自己的引导数据集"。由于没有一个能适用于所有农业任务或农作物的数据收集模式，Mineral"从能够获取大量高质量图像的植物漫游车入手，然后逐渐扩大范围，建立起适用于机器人、第三方农业设备、无人机、哨兵装置以及手机等不同平台的广义感知技术"。得益于使用了新技术和新方法，多模态数据集得到了越来越广泛的应用，Mineral可以绘制出详细的作物图并加快农业的数字化进程。随着时间的推移，这种洞察将有利于农业和食品领域的众多公司借助从农场到叉子的实时数据，实现端到端的理解，从而提高效率，增强农业的可持续发展。

假设有一个汽车制造商希望从销售汽车转型为提供

第 1 部分
　　当钢与硅相遇

交通服务。在这种情况下，它必须扩大其数据图谱的本体，以便涵盖各种新型的数据元素，包括历时数天和数月的旅行的地点及目的地、出于不同目的（例如休闲或商务）偏爱的旅行方式、不同行程的价格敏感度等。在此过程中，这个汽车制造商必须面对优步、滴滴及来福车这类出行公司的竞争，毕竟后者专注于持续了解个人如何选择不同的出行方式。为了实现这个目标，即主动提供能满足个人需要和偏好且价格合理的出行方案，这个公司必须收集准确、具体的数据。这种数据将有利于它全面认识个人出行的需要及优先事项。[10]

工业巨头必须投入资金，开发自己的本体，以便理解数据图谱这一决定成败的新要素。如果公司做不到这一点，仅仅把数据当成一种运营策略，那么它们的数字孪生就无法产生网络效应。为了开发出更丰富的本体，工业企业必须重视输入数据图谱中数据的真实性。在霍尼韦尔，如果机器和系统在客户的现场出现故障，关键是要确定该故障是由公司的可控因素引起的，还是由客户和合作伙伴的行为造成的。这一点也适用于通用和福特这类依靠复杂供应链的车企。具有端到端监测能力的数字孪生必须涵盖供应链，包括数据流和本体，以确保数据的准确性。分类错误会导致解决问题徒劳无益，尤其是在涉及多个实体时。

工业本体依托的是能解释各种不同情境下数据结构的语言，以便理解机器的工作原理以及机器对客户生产力的影响。随着设备从电气机械架构向数字工业架构（包括硬件、软件、数据及连接协议）转型，这一点显得格外重要。完善并丰富机器运行（以及故障）的词汇，这有利于公司利用数字图谱开发高效的机器并丰富客户的成果。这成为发挥生成式人工智能优势的必要前提。

我们尚未完全掌握不同概念在工业数据图谱中的相互关系。公司往往会把数据存储在不同部门内，而这些部门的数据库结构各不相同，这样不利于公司使用图形来表示本体。然而，像西门子、博世、罗尔斯－罗伊斯、霍尼韦尔以及 ABB 这样的工业巨头都已绘制出图谱，描述有关机器与运行相互关联的知识。[11] 像亚马逊云科技、Microsoft Azure 和 IBM 这样的云计算提供商会提供工具及应用，以支持这个流程。

要想获取工业产品使用的数据，短期内需要安置设

第 1 部分
　　当钢与硅相遇

备并制定新的机器协议,而从长远来看,需要使产品具有通信功能。遥测计算已变得更加强大,可通过射频、红外设备、超声设备、蓝牙、Wi-Fi、卫星以及电缆实现远程自动数据传输。

大语言模型(LLM)是数字领域的一项重大突破,有望通过已掌握的知识改变工业界。目前,这些模型已经影响到轻资产行业(搜索、客户交互和教育),而且早期的应用专注于撰写文章摘要、草拟故事、创建图像以及进行长时间对话。这在工业场景中有一定的应用价值,但缺乏战略意义。那什么是战略意义?什么会改变游戏规则呢?这里是指,大语言模型经过训练后,能够理解机器发生故障的原因,揭示不同概念间以往隐藏的关系,更容易发现根本原因,推荐应采取的应对措施,以及确定未来机器设计的最佳方案。让我们感到高兴的是,工业机器会长出"眼睛和耳朵",能以多模态的形式,传输包含了声音、图像和动态图像(说明机器现场运行状况的动态图像)的更全面的数据。这样一来,工业企业就能利用生成式人工智能,找到能给客户带来更大价值的有针对性的方法。[12]

我们赞同 Mineral 的 CEO 艾略特·格兰特的观点,

第3章
工业巨头正在奋力抵抗

即机器学习很适合在农业中应用,例如使用卫星图像来计算麦子的叶片或像素,或是对杂草进行分类。在此,人们看重的并不是绝对的准确性。如果机器能在几毫秒内对数百万棵植物中的90%的杂草进行分类,那自然要比人花几个小时去田里数上一通要好多了。在许多工业场景中,机器能以实惠的价格大规模地实现数据的准确性。[13]

工业数据可能是复杂的,机器学习和生成式人工智能会提供有价值的解决方案。随着模型规模逐年大幅扩大,加之针对医疗、软件、安全及物流领域的模型的试验越来越多,现在关键是要考虑如何使用大语言模型,帮助人们更好地理解工业本体。相比仍持观望态度的企业,那些主动接受大语言模型的企业可能会占得先机。

3. 在客户的关键时刻利用人工智能战胜困难

工业数据图谱和最新的知识本体可能是强大的工具,但要想为具体客户提供个性化的洞察,以取得最佳的结果,这些工具就要有互补算法。算法有助于完成四种相

第 1 部分
 当钢与硅相遇

互关联的分析。

通过描述性分析，工业企业可借助一组相互依存的数据图谱，而非独立的记录系统来了解发生过的一切。虽说仪表板能显示静态数据，例如稳定性、平均故障间隔期、重要的缺陷来源以及其他反映机器性能的指标，但是数据图谱可以让管理人员掌握更详细的信息。数据图谱可实现不同域和公司间的信息连接，进而分析不同场景下机器性能的模式。企业管理人员可以越来越多地以对话形式查询数据图谱，这样就能及时采取行动，而无须求助于数据专家进行分析。

通过诊断性分析，公司可对机器故障的根本原因进行分析，进而将机器故障细化为可控因素与非可控因素，最终掌握机器发生故障的原因。数据图谱不是把每台工业机器视为独特的个体，而是对故障或偏离预期水平的原因进行更深入的分析。在使用某个供应商的部件后，机器的运行不正常了吗？客户未执行建议的操作程序吗？对于图谱结构中的关键概念以及相互关系形成一种整体性的认识，这有利于开展这一层面的诊断性分析。通过训练有素的生成式人工智能，诊断性分析也会变得更快捷、更准确。

预测性分析使用图谱结构来应对可能出现的问题。通过了解机器在不同地点与其他装置和设备协同工作时的状况，管理人员能预测可能出现的故障或性能退化。这种预测的依据是相互依存的图谱结构，因此要比基于孤岛式模型的预测更有效。接着，管理人员可以制定规则以解决问题，通过模拟来寻找替代方案，并提前分配任务。

规范性分析提出的问题是：我们该如何帮助客户从我们的机器设备中获取最大的商业价值？我们怎样才能在第一时间解决软件的无线升级或容易执行的指令等方面遇到的问题？通过这种分析，公司会全面掌握以不同方式排列和组合的产品的现场运行情况，进而评估后续应依次采取的措施，最终解决客户遇到的问题。工业企业可以建立模型，在向客户提供高效、差异化、个性化的价值时将规范性分析作为核心因素。

这四种分析是数据价值链固有的，必须协调一致，这样才能将数据与经营成果联系起来（见图3-2）。这并不是说要研究数据，以获得抽象的洞察，而是说要将数据与经营成果联系起来，正如我们在奈飞、声田、优步和特斯拉这类数字原生企业所看到的那样。

第 1 部分
当钢与硅相遇

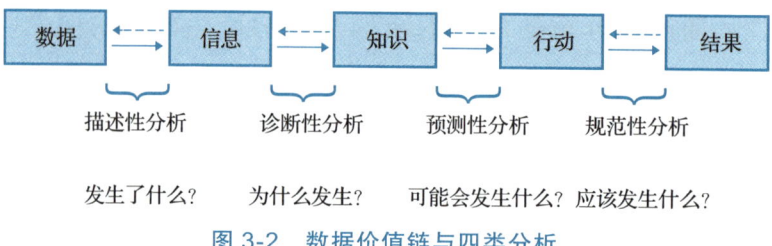

图 3-2　数据价值链与四类分析

数据价值链不只是应对紧急或例外情况的权宜之计。它是生成式人工智能的重要组成部分,可以将大语言模型与数亿文本标记所代表的千兆字节数据结合起来。这种数据价值链与那种可将工业制造商的原材料转化为成品的价值链是同等重要的。

将来,要想在合适的时机满足客户的具体需要,一定要了解互补性的数据价值链。作为一种重要工具,生成式人工智能可以实现数据与商业价值的互联,将尚未开发的商业潜力转化成工业企业及其客户真正的商业价值。这意味着,人工智能不只是一项技术,而且是企业高管必须重视的事情。

罗尔斯 – 罗伊斯在使用四种分析时有两方面的收获。其一,每家航空公司仅掌握自己旗下飞机的数据,但罗尔斯 – 罗伊斯能对所有客户的产品使用数据进行分析,而且分析时必须保证最高级别的安全性、隐私性和保密性。通过分析大量不同的数据，罗尔斯－罗伊斯可获得很好的洞察，进而有效地解决客户遇到的问题。其二，通过使用人工智能来分析丰富、动态的数据图谱，罗尔斯－罗伊斯能设计并开发出质量更高的产品。因此，会有更多的客户愿意购买它的产品，而不是竞争对手的产品，毕竟后者无法实现这种反馈效应。这样就会提高罗尔斯－罗伊斯数据图谱的规模、范围和速度。

迎接新战役

产品使用数据正在迅速成为改变工业领域竞争格局的决定性因素。曾经，这种数据很难获取，但借助于三方数字孪生技术，现在要想跟踪并溯源这种数据并非难事。这些数字孪生技术可以向每个公司提供实时数据，以便公司绘制出自己独特的数据图谱。借助数据网络效应，这种专有的数据图谱会变得越来越有价值。

通过分析产品的使用情况，公司可为客户提出定制化的解决方案，还能更好地了解产品的运行和互动情况。工业数据图谱的应用，正成为行业竞争的下一个前沿领

第 1 部分
　　当钢与硅相遇

域。随着公司不断收集有关其产品以及产品如何为客户带来附加值的信息，公司可获得更深刻的洞察并给出更合理的推荐，从而在与那些仍未使用工业数据图谱的公司的竞争中占据优势。

目前，你可能较好地理解了融合在商业策略中的重要意义（第 1 章）、如何利用实时数据，在直接面向消费者的轻资产部门中发现行之有效的策略（第 2 章）、如何将算法与工业数据图谱相结合，促使重资产部门完成竞争力的重要转型（第 3 章）。数字世界正在快速扩张，因此工业企业必须从战略高度去思考如何在数字世界中行稳致远。创造并获取价值的机会在哪里？我们该怎样迎接面前的挑战？下一章，我们将更深入地探讨数据图谱如何帮助工业企业在各种不同的竞争中取得胜利。

第 4 章　四大战场

如今，企业给音箱、门铃和咖啡机等很多产品都贴上了"智能"的标签，只是因为相比传统产品，它们有更多的数字特征。然而，我们不能一看到数字显示屏、软件功能和网络连接，就认定这是智能产品。

工业企业发布的声明中也存在类似情况。这些声明一味强调连接和自动化：轿车、货车、拖拉机和拖车等车辆的自动驾驶功能，可对机器进行微调并将机器与相关设备相连的软件应用，蓝牙和蜂窝网络，显示各种指标的数字仪表盘。那些被冠以"智能"称号的工业机械其实并不是真正的智能产品。

工业企业需要转变观念。要想实现真正意义上的智

第 1 部分
当钢与硅相遇

能化，工业产品需要能获取并追踪产品使用的实时数据，并发挥数据网络效应。通过利用从数据图谱及算法中获得的洞察，工业企业可以持续调整产品设计，为客户带来更大的商业价值。本章将重点介绍在工业产品数字化过程中出现的新战场。

工业数据图谱和人工智能是数实融合战略的根基

四十多年来，管理人员明白了一个道理：要想成功，他们必须在成本领先、差异化和集中化这三大战略中，选择一个最符合他们所在行业结构的战略。[1] 但是，在当今这个数据图谱和人工智能的时代，这些战略无法带来最优结果。

传统战略根植于另一个时代，那时公司分析的是产品的销售数据。这导致很多 CEO 误以为数字技术的影响微乎其微。在他们的眼中，数字技术不过是一种工具，可以被用来保持成本领先优势、实现互联等功能，或者保持聚焦。

第 4 章
四大战场

但是，轻资产行业的发展历程表明，工业企业要想发展甚至生存下来，必须获取实时数据，并根据产品使用信息来绘制数据图谱，以实现企业的转型。这样做有助于重塑竞争格局，形成业务交叉领域，迫使老牌企业与数字新秀展开竞争。除了行业间的横向融合和纵向融合，彼此不相关的行业间也出现了对角式连接，从而在不同类型的企业间重新分配价值。

在数字技术将改变竞争格局这一背景下，企业必须认真思考自身的战略。工业数据图谱会帮助 CEO 尝试不同的战略选择并找到新的发展方向。为此，CEO 必须问自己两个问题（见图 4-1）。

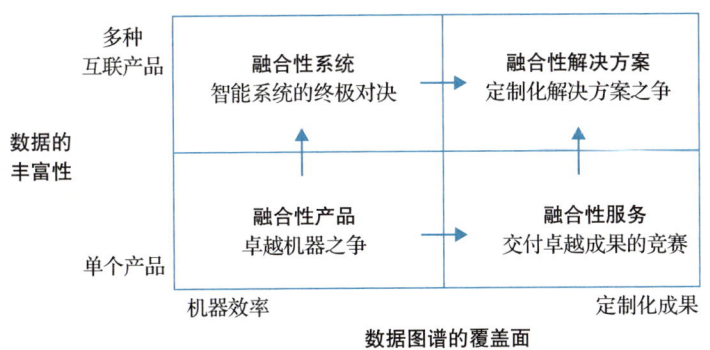

图 4-1　不同战场上的融合策略

第一，我们的工业数据图谱的覆盖面有多大？如果数字孪生技术能提高效率，这些数据图谱会停止扩张吗?或者说,数据图谱会延伸到客户的经营环节,帮助客户优化经营成果吗?这个维度可以说明数据图谱的规模。

第二,我们的工业数据图谱的信息有多丰富?它是否基于有限的维度?或者说,它是不是多维度的,能捕捉客户为实现自身经营目标所使用的所有机器、设备及子系统之间相互依存的关系?它是不是多模态的,能否采集数字、文本、图像、音频和视频数据?这可以说明数据图谱的范围。这个范围可以从一台机器扩大到同一公司生产的几台机器,再扩大到不同公司生产的设备组合。

在回答这两个问题时,我们会发现四个融合性战场,即融合性产品、融合性服务、融合性系统与融合性解决方案,每个战场都有具体的制胜策略。

工业企业必须做出选择,主攻其中一个战场,同时兼顾另外三个。一开始,大多数企业会选择融合性产品这个战场。之后,它们会向客户提供融合性服务或设法将产品和服务转化成融合性系统,以此提高客户的运营成效,并对该过程中遇到的机遇和挑战做出评估。它们的最终目标是形成融合性解决方案。

通过这种方式，工业企业就能明白它们怎样才能创造并获取价值，怎样评估竞争对手的策略带来的威胁，并决定如何重新配置资源，以保持现有策略或制定新的策略。因此，数实融合战略架构本质上是动态的，而非静态的。让我们来逐一剖析这四个战场吧！

专注于融合性产品

融合性产品内置遥测技术，可实时监测产品的性能。关键是要采集产品使用数据，以便工业企业对数据进行分析，并系统地提升产品的性能。当这些数据在整个装机基数上形成聚合效应时，工业企业即可打造数据网络效应并不断提高机器运行的效率，如图 4-1 左下方象限所示。

融合性产品内置专为人工智能和机器学习设计的芯片，因此工业企业可监测产品实际使用时的性能。三方数字孪生技术贯穿设计和交付的全流程，工业企业可分析、制定和执行各项规定，从而提升机器的性能，并通过预测性维护减少停机时间。企业通过有偿提供维护和

第 1 部分
  当钢与硅相遇

生产力优化服务以获取价值,或免费提供服务,以确保客户忠诚度。

打造数字化的工业设备——集成远程信息处理功能、采用模块化计算机架构并引入数据分析功能——的投资逻辑可能不那么显而易见。因此,很多工业企业并未将资金投向陌生的数字领域,而是加倍投入现有产品设计,不断提高产品质量,力求自己的产品成为同类产品中的佼佼者。这样做看似理性,实则短视。

诚然,传感器、智能摄像头、GPS 设备、环境监测探头以及性能监控模块,每一个都价格不菲。然而,工业企业的目光不能仅盯着一个传感器能做什么,而应考虑一套传感器系统如何协同工作,向运营中心传输产品使用的实时数据。工业企业应该思考融合性产品如何产生并利用数据网络效应。要回答这个问题,就要基于对机器在不同条件下实际性能的洞察。工业企业应该分析的是如何利用洞察在市场中取得成功。

这一切都要求在工业设计中逐渐融入数字功能,直到产品最终实现技术、物理和商业三个层面的融合。工业设计的目标应该是打造可持续跟踪、可在云端更新、

第 4 章
四大战场

可远程控制的产品。这就需要可编程硬件和嵌入式软件的支持。采取这些措施，工业企业就能在数字化转型之初绘制出产品数据图谱，而不会将其只是看作补救措施。这是汽车行业从特斯拉身上学到的经验，农业和建筑业从约翰迪尔和凯斯纽荷兰工业那里获得的启示，建筑行业从霍尼韦尔和西门子身上收获的心得。

你可能了解航空业"按飞行小时计费维修"这个惯常做法。它是指按固定的飞行小时成本收费，提供一整套发动机和配件更换服务。这项服务之所以能吸引客户，是因为只有在发动机性能符合运行标准且保持100%正常运转时间的情况下，客户才需支付费用。现在，这种按使用付费的模式已十分常见。

1962年，罗尔斯–罗伊斯率先提出了一个理念：利用当时飞机上不多（且相对原始）的传感器来监测发动机的在翼性能。今天，罗尔斯–罗伊斯利用发动机性能数据，以消除非计划性维修风险，使维修成本可规划、可预测。罗尔斯–罗伊斯使用了60年的商标宣传语"按飞行小时计费维修"在业内广为人知。其他飞机发动机制造商（例如通用电气和普惠）纷纷效仿。

融合性产品不只是那些能移动的产品，例如汽车、拖拉机和飞机，还包括固定的产品，例如建筑物、玻璃窗和燃气轮机。通过在工业产品中增加传感器、可编程硬件、软件和云连接，工业企业可将这些产品都改造成融合性产品。这就要对产品架构进行端到端的重构，将其改造为可编程设备，通过空中软件更新技术可持续升级这种设备。

通过学习相邻领域的经验，工业企业都应该重视这种思维方式。不同于轻资产部门，工业产品的数字化进程需要时间积累，因此工业企业应立刻行动起来。只有这样，先行者才能获得先发与快发优势。

为融合性产品提供融合性服务

从工业产品向融合性产品的转型是基础，也是必经之路。只有完成了这种转型，企业才有可能走上其他发展路径。其中一条值得考虑的路径就是从产品向服务的转变。

工业企业在提供服务时，可以将数据图谱的覆盖面

第 4 章
四大战场

扩大到客户运营（如图 4-1 右下象限）。此处提出的策略并不是要利用智能聊天机器人来改造客服功能，也不是为了分得更多的服务收入而调整经销商合作协议，更不是与第三方服务提供商建立风险收益共享机制。这个策略是指要让融合性产品不断深入客户运营，提升业务成果。衡量这个策略是否成功，不仅要看它是否增加了收入或利润，还要看工业企业在提升客户业绩方面是否发挥了重要的作用。

工业企业在运用融合性服务策略时，必须依托三方数字孪生技术。企业不能只在监测产品性能时使用这项技术，还要利用该技术实现产品与服务性能数字孪生的互联。工业企业可以独自做好前者，但在运用融合性服务策略时，它们要征得客户的同意，也要与客户合作，有时还会涉及合作伙伴。要想通过改进工业产品来提升客户的业绩，工业企业首先要得到客户的授权，这样才能采集到客户的精细化数据。

构建数据钩子来接入更广阔的数据流，能扩大服务数据图谱的范围。试想一下，如果一个飞机发动机制造商大规模、快速地采集了全球各地发动机运行的实时数据，这个制造商就掌握了海量的信息。它就可以利用这

第 1 部分
当钢与硅相遇

些数据来构建服务数据图谱,然后根据这个图谱完成从产品向服务的转变。

为了运用好融合性服务策略,罗尔斯-罗伊斯于 2018 年成立了 R^2 数据实验室。自那时起,该实验室一直致力于通过数据获得竞争优势。罗尔斯-罗伊斯也借助该实验室弄清楚了如何利用数据来提高效率、减少排放、削减成本以及发现新的盈利机会。罗尔斯-罗伊斯依托自身长期以来在使用人工智能方面的强大竞争力,服务重心一直放在发动机健康监测数据上。罗尔斯-罗伊斯拥有经验丰富的数据分析师,他们不仅清楚发动机出现异常情况的原因,而且能就发动机的运行给出建议。

例如,罗尔斯-罗伊斯可根据产品使用数据——飞机的飞行路线、飞行高度和速度、飞行期间的天气状况以及飞行载荷,对油耗模式进行分析。罗尔斯-罗伊斯每年从其发动机上可获得超过 70 万亿个数据点。[2] 通过利用数据图谱,罗尔斯-罗伊斯可帮助客户实现最高的燃油效率。在未来 15 年,如果将发动机的燃油效率提高 1%,那么全球航空业就可节约大约 300 亿美元的成本。[3]

还有一种情况。由于条件变化或记录有误,发动机的参数可能会超出正常范围。系统能监测到这种波动,

第 4 章
四大战场

并将其作为问题记录下来,但是只有人类专家才能判定这是严重的问题,还是虚惊一场。一直以来,辨识真相都要依赖人类的技能和专业知识。大语言模型拥有强大的功能,稳健的人工智能系统,若是与人类合作,便能提供有效的、可盈利的融合性服务。

得益于高级分析带来的洞察,罗尔斯-罗伊斯完全有条件签订基于节约成本的合约,要求航空公司与其分享因确认可节约成本而释放的部分价值。罗尔斯-罗伊斯的融合性服务会成功吗?有可能。它有自己的优势。凭借雄厚的数字和数据基础,罗尔斯-罗伊斯比通用电气和普惠这类竞争对手更有先发优势。它还要评估自己是应该独立探索这一机遇,还是利用自身有利地位与其他公司合作。

为产品提供配套服务是一个具有飞轮效应的多线程过程。工业企业设计使产品性能数字孪生与客户所在位置的服务性能数字孪生充分互联的方法。这样产生的数据网络效应就不仅限于产品性能,还会扩展到服务交付中。之后工业企业便能更好地理解它的产品是如何提升客户生产力和业绩表现的。从性能数字孪生中获得的数据经过在不同场景下的整合,能说明应该在哪些方面采取积极的干预措施，以及工业企业该如何对产品进行微调，以便提高自身对客户的价值。随着越来越多的客户接受服务方案，工业企业可以在数字功能上进行投资，实现三方数字孪生体的互联。

有些管理人员心存疑虑，担心客户是否愿意开放自己的运营数据。融合性服务有价值的话，客户是愿意的。当然，工业企业必须保证数据的私密性并对客户数据进行匿名分析，这样才能获得客户的准许，深入了解其经营情况。如果客户认为，相比无法从数据网络效应中获益的第三方提供的服务，工业企业提供的服务要更好一些，那么它们就会允许工业企业在运营中通过嵌入式数据钩子连接其机器。即便是客户开发的服务也会有局限，这是因为它们只能从自己的经营活动中得到启发。

将产品整合到融合性系统中

我们来看另一条轨迹。工业机器的数字化提供了创造效率的新路径，这不仅体现在通过三方数字孪生技术来完善每个产品上，而且体现在优化高阶互联产品系统上。从产品向系统的转变如图 4-1 的纵轴所示,左上象限描述了数据图谱的丰富性。

在大农场、建筑工地、炼油厂、矿山或工厂,你会看到由不同的工业企业生产的机器和设备。工业企业的客户都会使用由多个数字工业产品及子系统组成的复杂系统。一旦系统集成商将不同的机器连在一起,工业企业就能自主管理或是交由第三方运营商来管理机器的运行。

工业企业若是想成为融合性系统集成商,首先要实现其自身所有机器的数字连接,然后借助应用程序编程接口(API)逐渐扩大范围,将自身机器与合作伙伴(以及竞争对手)的机器互联,最终构建起数据图谱。工业企业应从结构化数据入手,接着扩展到可输入人工智能和机器学习应用程序的非结构化多媒体数据。目标是构建一个系统层面的数据图谱,而且该图谱的基础知识本体与谷歌、领英和亚马逊使用的本体相同,可将相关的理念和实体联系起来。

融合性系统集成商擅长整合不同的系统,但它们的优势不止于此。它们的差异化优势源自从不同系统的三方数字孪生中摄取的运营数据,以及由此产生的数据网

第 1 部分
当钢与硅相遇

络效应。它们通过分析不同条件下的数据,来理解融合性系统的实际性能为何未能达到当初设计的水平。

客户发现融合性系统策略很重要,毕竟没有一台工业机器是"孤岛"。效率不是指一台机器的可靠性或运行时间,而是指一起运行的机器系统的可靠性或运行时间。如果一台机器出现故障,那么整个系统都会瘫痪。一台机器的可靠性和运行时间并没有那么重要,因为问题出在系统最薄弱的环节。然而,融合性系统集成商可以通过将数据图谱的范围扩大到产品之外,同时比客户更好地追踪、分析及预测系统故障,来最大限度地减少系统崩溃。集成商可以通过收取系统集成费和将更多机器相连的费用,销售软件更新版本以确保融合性系统能按要求运行,来实现这种知识的经济价值。

在工业时代,系统集成商会调配那些工程领域(如斯伦贝谢和哈里伯顿)或信息技术系统领域(如印孚瑟斯、埃森哲、塔塔咨询服务和德勤)的专业人才,以此获得管理大型复杂项目的能力。然而,如果融合性系统的潜在领军企业,例如西门子、霍尼韦尔和罗克韦尔自动化,能发展自身在收集产品使用数据方面的能力,同时少强调人力,多强调如何使聪明的人类与强大的机器协作,它们就会取得成功。

航空业正在引领这一趋势。2020 年，罗尔斯 – 罗伊斯与其首个业内合作伙伴新加坡航空成立了 Yocova［You（你们）+Collaboration（协作）=Value（价值）］平台，开始探索数字化转型的路径。[4] Yocova 的目标是为航空业提供端到端的开放系统，实现数据的连接、协作及管控，并通过全球市场进行数字解决方案的交易。罗尔斯 – 罗伊斯之所以成立这个平台，是因为它认识到，工业企业以前靠单打独斗就能立足于市场，可现在通过构建数据驱动的协作性网络，企业才能发展壮大。随着更多企业加入这种系统级整合，其全部价值将得到释放。

航空公司可以在订票系统间交换数据，涉及代码共享（如 Sabre）、航线优化以及飞行常客积分（如寰宇一家、星空联盟）。航空公司间无缝协调，对不同实体的安全运营至关重要。但该行业尚未充分发挥融合性系统的潜力，毕竟数据还分散在运营、市场和维护等部门的孤岛型数据库里。有大量的数据在发动机、飞机和发动机健康监测部门与飞机运营商之间流动，这样就有机会创建系统层面的数据图谱并可使用人工智能和机器学习开展实验。

随着数据和人工智能在工业中得到应用，预计会有更多的行业出现在图4-1左上象限里。即使工业企业无意运用融合性系统策略，但它们也应该清楚系统三方数字孪生的重要性（三者为一个整体），还要明白数据图谱如何释放价值。这样一来，工业企业就会弄清楚如何让自己的融合性产品与一个或多个系统协作，以免被竞品取代。

逐个解决客户遇到的问题

最终的数实融合战略整合了产品、服务和系统，可以解决每个客户的独特问题。这需要一种由外向内的视角，只有通过开发一套丰富的数据图谱，对客户的运营进行更深入的研究，才能实现。

工业企业必须成为客户运营的延伸。要做到这一点，工业企业就要设计出解决方案性能数字孪生体，并善于解决客户遇到的问题，其采用的解决方法是其他公司甚至客户都未掌握的。因此，融合性解决方案策略的作用体现在快速解决客户问题，并能根据环境变化调整解决方案。

第 4 章
四大战场

要想运用融合性解决方案策略，工业企业首先要赢得客户的信任，细致且深入地了解它们的需求。这样企业就能构建出一个解决方案，其中整合了可以影响客户绩效的一整套产品、服务和系统。

接着，工业企业需要获取满足其所需的精细化数据，构建专有的数据图谱并利用跨场景的数据网络效应。借助这些数据图谱，融合性解决方案策略需要开发出算法，以便为每个客户提供定制的解决方案。工业企业可通过基于成果的合约和利润分成协议，从解决方案中获利。

融合性解决方案的提供商必须树立一种公正的形象，不能只使用自己的产品。它必须本着与对手合作的精神，整合优质解决方案，解决客户遇到的问题。解决方案将系统与服务相结合，但不是一次性的，可根据工业企业的知识和经验，持续完善。与另一种从制造商的机器入手的工业数据图谱不同，解决方案的数据图谱以客户的问题为切入点（见图 4-1 右上象限）。

以沙特阿拉伯新成立的利雅得航空公司为例。该公司旨在重塑沙特阿拉伯作为旅游目的地的形象，并与中东地区的知名航空公司（如阿联酋航空、阿提哈德航空

第 1 部分
当钢与硅相遇

以及卡塔尔航空）展开竞争。利雅得航空寻找的合作伙伴，能利用自身在航空领域的专业知识和经验，为客户提供解决方案。

罗尔斯－罗伊斯会凭借其在智能发动机设计方面的专业知识，进军解决方案领域，成为利雅得航空的关键合作伙伴吗？罗尔斯－罗伊斯有一定优势，因为它已经与新加坡航空合作成立了 Yocova 平台。罗尔斯－罗伊斯掌握了数字平台集成技术，能为利雅得航空阐明 Yocova 的优势，证明它能不断地推进预测性维护、燃油效率优化以及机队管理的前沿发展。

罗尔斯－罗伊斯凭借先进的发动机设计能力，结合数字孪生技术，可扩展其三方数字孪生体的应用范围。因此，罗尔斯－罗伊斯可与空客、波音合作，完善飞机的设计。罗尔斯－罗伊斯积累的知识本体能揭示新航空公司应如何把握独特的发展机遇。罗尔斯－罗伊斯必须准备好协调与众多合作伙伴的关系，成为可信的融合性解决方案提供商，定义下一代空中旅行。

在工业领域，这样巨大的机遇实属罕见。观察一下老牌航空公司和新航空公司争夺机遇的方式，我们会从中得到启示。

融合性解决方案策略要求企业深入细致地理解客户的问题，将最佳产品、服务及系统整合起来，以解决这些问题。融合性解决方案的提供商必须成为人们眼中值得信赖的解决方案架构师，将自身的利润与客户的成功紧密相连。工业企业要想靠融合性解决方案取得成功，必须从"由我们制造"转型为"由我们解决"。

新策略战场

随着工业世界数字化进程的推进，目前已经出现创造和获取价值的四大战场。数实融合战略框架是动态的。企业不应该选择并死守单一策略，而应该从融合性产品策略入手，逐步转向其他三大策略之一。

在四个战场中，每个战场对工业企业释放价值的关注重点各有不同。第一个战场是卓越机器之争，也可以说是融合性产品策略。在这个战场上，工业企业主要通过实现工业产品的数字化以及提供性能最优的产品来创造价值（见图4-1左下象限）。工业企业的竞争对手包括

第 1 部分
　　当钢与硅相遇

可能正在以不同的规模、范围或速度进行自身机器数字化改造的传统公司，也包括能利用数据和人工智能技术设计新机器、掌握新能力的新公司。

第二个战场（见图 4-1 右下象限）我们称之为交付卓越成果的竞赛，也可以说是融合性服务策略。该策略与深度整合到客户运营中的工业机器有关，可以帮助企业发现更多的方式改善客户的财务状况。在这场竞赛中，工业企业的竞争对手不仅包括传统企业以及与客户运营关系更紧密的第三方服务提供商，还包括那些勇于承担责任，通过优化机器来实现自身经营目标的客户。

第三个战场如图 4-1 左上象限所示，可称为智能系统的终极对决也可以说是融合性系统策略。在这个战场上，相互关联的系统与独立的产品竞争，这样才能释放价值。那些使用融合性产品的工业企业与这些系统存在间接的竞争与合作关系。

第四个战场是定制化解决方案之争，也可以说是融合性解决方案策略（见图 4-1 右上象限）。在这个战场上，竞争出现在企业与生态系统之间，它们都在想方设法为客户提供解决方案，而且相信自己无须借助外力就能做到最好。

要想取胜，就要主动寻找合作伙伴

今天，我们在课堂上教授的策略是以企业为中心的。相比之下，融合策略框架主张企业要拥有资产，同时要建立关系以获取互补资源，并在二者之间寻求平衡。每个企业都可以成为多个生态系统的组成部分，其中数据图谱的规模、范围和速度决定了这些企业在不同生态系统内应该开展合作的地点、时间和方式。

融合策略以网络为中心，在业务和数据领域相互重叠的生态系统内交汇。就融合性产品策略而言，其价值主张并非基于工业企业内部的运作，而是基于其产品的实际性能，同时借助性能数字孪生技术来释放新价值。当工业企业超越融合性产品策略时，它们会通过互联的数据流和相互关联的系统架构，更深层次地介入客户（横轴）及合作伙伴（纵轴）的运营。它们必须与客户及合作伙伴共同参与并创造价值，因此对它们来说，驾驭新的生态系统、定义关键数据要素至关重要。

支持系统集成策略的数据图谱不可避免地会涉及竞争对手的数据。为了让竞争对手相信它们的数据会得到有效利用，工业企业可能需要设计具有明确参与规则的运营模式。就像亚马逊云科技必须确保其数据安全协议能满足奈飞这个客户的要求，尤其考虑到 Prime Video（亚马逊流媒体平台）还是奈飞的竞争对手，数实融合策略要具备一种重视隐私、安全和数据完整性的文化。

不要深陷在一个战场

一种经常提出的批评是，策略框架往往是静态的。然而，数实融合策略框架本身是动态的。该框架描述了工业企业在特定时间可以做出的选择，同时探索了未来的发展道路。

融合性产品通过提高机器的运行时间来创造价值。融合性服务创造价值，则是通过将服务与融合性产品联系起来以提高客户的生产力。融合性系统确保客户使用的所有设备（不只是工业企业自己的设备）的运行时间，以此带来附加值。融合性解决方案旨在解决客户遇到的所有问题。因此，每种数实融合策略都会创造额外的价值池，工业企业应制定一个路线图，来开发和部署这四种策略。

・・・

2011年，风险投资人马克·安德森宣称，"软件正在吞噬整个世界"。[5] 他说得没错：数字技术已点燃很多消费品企业创新、变革和转型的热情。这些技术目前也在推动工业企业的巨大变革。

同时，发达国家已经放弃了其在制造、交通、农业、医疗和物流等重资产领域创造价值的能力，转而痴迷于能在轻资产领域创造价值。2020年，安德森指出，"可以开始行动了"——不是采用工业时代的方式，而是采用物理与数字相融合的全新方式。[6]

现在工业企业可以开始构建融合性未来了。这些企业以往取得成功，靠的是根植于有形资产的优势，例如规模、设计、专利、质量和客户满意度。未来这些优势仍将发挥作用，但在数字技术改造工业企业的背景下，数实融合战略增添了一个新的维度。工业企业使用自己的算法来不断优化产品、流程以及服务交付模式，这样就可以掌控数据网络效应。

第 1 部分
　　当钢与硅相遇

　　数实融合战略将推动工业企业的转型。在工业时代衰落的几十年间，对战略的任何渐进式调整都无济于事。机器将实现数字化，流程将得到优化，服务交付水平将通过软件、数据和分析得到提升。真正有效的方法应该是战略性的，而不是战术性或技术性的。

　　工业企业要取得成功，就要拥抱数字技术，这样才能开创未来。它们要想保住当前的业务，明智的做法就是认清数据图谱的重要性。重要的是，它们必须利用数据图谱来规划路径，开发可以在未来竞争激烈的战役中取得胜利的新型商业模式。我们将在本书的第二部分探讨这个问题。

PART

第 2 部分

价值向量

第 5 章　卓越机器之争

2006 年 8 月 2 日，也就是史蒂夫·乔布斯推出 iPhone 的几个月前，埃隆·马斯克宣布，"特斯拉汽车公司的首要目标（也是我投资这家公司的原因）是加速经济模式的转型——从开采和燃烧碳氢化合物转型为利用太阳能电力"。

汽车行业当时几乎没注意到马斯克所说的"宏图"。10 年后，2016 年 7 月 20 日，《秘密宏图第二篇章》承诺推出全系列具有自动驾驶能力的汽车。通过车队学习，这些汽车的安全性会比手动驾驶汽车高十倍。人们对此大多持怀疑态度，包括"现金流黑洞""好高骛远"以及"与老牌企业宣传的没什么两样"。

2023 年 4 月 5 日，马斯克发布了《秘密宏图第三篇

第 5 章
卓越机器之争

章》。面对这个专注于"可持续能源文明"的总体规划，分析师分成了两个阵营。[1]一个阵营对于缺少新的汽车路线图感到失望，另一个阵营则对汽车平台的基础架构和汽车在引领可持续能源发展方面（即 2006 年发布的最初愿景）的内部机制兴奋不已。

未来的商业史学家会记录下特斯拉是如何推动汽车行业转型，并为可持续能源的发展做出贡献的。目前，特斯拉是商界时代精神的重要组成部分。2006 年那会儿，特斯拉根本没有引起老牌车企的注意；2016 年，它至多也是刚刚出现在这些车企的视线内。到 21 世纪 20 年代初，它已经站稳了汽车行业的核心位置，不仅推动了汽车所需能源的转型，而且重新定义了汽车的概念和未来发展方向。

2021 年 8 月 30 日，特斯拉宣布，它设计出一款大型半导体芯片 D-1，用于运行控制其自动驾驶系统 Autopilot 的机器学习算法和其神经网络训练超级计算机 Dojo。截至 2023 年 7 月，特斯拉已从英伟达这家芯片公司购入它能交付的所有 GPU，并投入约 10 亿美元资金，全力推进 Dojo 项目。十年前，没有人会想到，一个汽车制造商竟然想要设计出世界上速度最快的超级计算机之一。

第 2 部分
　　价值向量

虽然总部设在美国奥斯汀的特斯拉以前开发过较小的芯片，可用来解读其车用传感器和摄像头的输入数据，但是打造 D-1 芯片和 Dojo 超级计算机更艰巨、投资更大。这项工作事关特斯拉的未来，因为它需要用 D-1 来完善 Autopilot。这种自动驾驶系统不再使用雷达或激光成像、探测及测距技术（LiDAR），无须通过激光扫描来勾勒物体与路面轮廓，即可让汽车以三维视角"看见"周围的环境。相反，该系统借助计算机视觉去解析汽车摄像头采集到的视觉信息。要使用这种新方法，就要训练计算机识别和解读视觉世界，使汽车拥有自动驾驶功能。

具体来说，特斯拉使用一种名为 transformer 的神经网络，接收每辆汽车上八个摄像头输入的信息，以掌握汽车的运行状况。使用一种仅有摄像头的系统，对计算能力要求更高。特斯拉视觉算法必须根据摄像头拍摄画面中的数据重构每辆车周边环境的实时地图，而非通过传感器获取图像。

特斯拉相比其他汽车制造商更有优势，因为它采集的数据更多。在道路上行驶的超过 400 万辆特斯拉汽车，每辆车上的八个摄像头都会传回视频信息，超过 1 000 名员工会对这些图像进行标注，以便训练神经网络。

第 5 章
卓越机器之争

20 世纪初，福特对汽车的各项业务进行了垂直整合，甚至包括自己开采煤炭和铁矿石，自己生产车用玻璃。同样，特斯拉自己设计 D-1 芯片，这标志着特斯拉进化为一个现代版的全产业链汽车制造商，有能力生产其融合性产品所需的所有组件，包括动力电池、硅基芯片、软件系统、充电网络以及服务中心。

对老牌车企来说，特斯拉的融合性产品构成了双重威胁。特斯拉既可以生产性能强大、环保节能、线条流畅的汽车，也投入了资金，开发用于数字连接和数据采集的先进技术。每辆车上的摄像头和 12 个超声波传感器可实时采集数据，公司的机器学习算法可持续分析数据，以优化汽车的操作系统。

就像苹果公司为 iPhone 开发并使用新的操作系统，特斯拉会定期更新其汽车的操作系统。得益于 OTA 软件更新，特斯拉车主几乎每天早上看到的都是一辆新车。例如，2019 年 11 月，特斯拉迷布兰登·伯尼克在推特上给马斯克留言："能不能在按喇叭的同时保存行车记录仪拍的视频？"[2] 数小时后，马斯克回复道："有道理。"12 月 24 日，这项功能通过 OTA 实现了。这样一来，特斯拉的司机在按喇叭时便可通过前置的视频摄像头记录视

第 2 部分
　　价值向量

频片段并将其保存在 USB 驱动程序上。这项功能的更新频率为六周更新一次，而不是几个月或几年更新一次，这在汽车发展史上是从未有过的。

而且，特斯拉的所有汽车都在同一个网络上运行，因此每个司机都在为优化整个网络出一份力——特斯拉称之为"车队学习"。马斯克常说，特斯拉设计的 Model S 就是一台安装在四个轮子上的精密计算机。他指出，特斯拉既是一家软件公司，也是一家硬件公司。在我们的眼中，特斯拉是一家制造实体机器的数据与人工智能公司，用我们的话来说，就是制造融合性产品的公司。

特斯拉为其生产的每辆车都开发了性能数字孪生体，不只是它设计的每个车型的数字孪生体或者是用来生产该车型的组装线的数字孪生体。每辆汽车的传感器都可提供车辆在路上行驶时的实时数据；特斯拉的人工智能及机器学习系统会实时分析这些数据；特斯拉会利用最有价值的数据驱动的洞察，持续优化所有汽车的自动驾驶系统。而且，人工智能可以解读数据并判断某辆车是否运行正常或者是否需要维护。特斯拉的数字专家能通过更新软件来解决多数问题。例如，他们能通过软件更新，调整制动能量回收强度，来降低碰撞风险，还能通过 OTA 更新来解决车门异响的问题。特斯拉平均每个月会发布一次更新软件。

特斯拉的三方数字孪生技术有助于该公司通过生成式设计来优化未来的产品。生成式设计是一项新兴技术，即使用人工智能来优化设计。对数千件产品实地运行的实时数据进行汇总，数字孪生技术可模拟融合性产品在其生命周期内的性能和状态。借助这些数据，生成式设计软件可对特斯拉的产品设计进行微调，并模拟产品在真实情景下的性能表现，最终获得一个符合公司目标的解决方案。

尽管特斯拉在位于美国加利福尼亚州弗里蒙特市具有历史意义的 NUMMI 工厂（2010 年之前由丰田和通用汽车运营）启动生产线时经历了"生产地狱"，它现在已使用数字技术革新了汽车制造方法。特斯拉采用了高度垂直整合的自动化制造方法，动用了 160 多台机器人，包括世界上最大的 10 台机器人，每台都以漫威的 X 战警成员命名。特斯拉基于人工智能的系统可以不间断地对其制造方法进行自主改进。当道路上行驶的汽车出现车窗持续震动这种小问题时，车辆的数据也会被传输至特斯拉生产线上的机器人，后者会改进车窗的安装工艺。

第 2 部分
　　价值向量

特斯拉在 2022 年交付了 131 万辆汽车，预计 2023 年将交付大约 180 万辆。截至 2023 年 8 月，特斯拉的市值约为 9 000 亿美元，成为全球市值最高的十大公司之一。它的市值甚至超过了其余九家市值最高的车企的市值总和。因此，特斯拉这个在 2000 年市值最低的车企，在步入第三个十年之际，成了全球市值最高、最有吸引力的车企，这正是得益于它的融合性产品。

产品范式的转变

对我们这些数实融合战略专家来说，设计和交付计算能力更强的汽车，并不足以打造出性能卓越的汽车。这是因为当今汽车的智能往往仅限于汽车的设计、制造和交付方式。那些生产最新车型的公司很少有汽车驾驶方面的数据。对数据在产品策略中的作用，它们的看法仍停留在记录系统这个层面（通常被称作静态数据），无法与那些已经开始使用实时数据（通常被称作动态数据）的公司相竞争。

抛开那些花哨的数字功能，什么能让汽车成为融合性产品的典范呢？当汽车具备了机器学习能力，可持续优化其在实际驾驶状态下的行驶方式时，当借助数据图谱和算法获得的洞察可持续完善驾驶规则时，汽车就会成为融合性产品的范例。这正是 Alphabet 旗下的 Waymo 这个非传统车企的奋斗目标。Waymo 可能不参与制造过程，但它希望能设计出可驱动未来汽车的"大脑"。在这一愿景的指引下，Waymo 从战略高度认识到，决定成败的因素可能不是金属、塑料和轮胎这类实体产品，而是驱动汽车的智能。在 Waymo 看来，最有经验的驾驶系统是一个能持续学习的数字产品。

你会问，是什么让 Waymo 的人工智能驱动系统成为最有经验的系统呢？并不是在设计和制造汽车时，在汽车的"大脑"里植入通用驾驶规则和导航程序，而是这个"大脑"能不断从道路上行驶的车队集体经验中获取新知。[3]Waymo 的一整套 LiDAR 及雷达传感器可采集实时数据，根据实际行驶里程（已超 2 000 万英里并在持续增加）和模拟驾驶（已超 200 亿次并在持续增加），构建驾驶数据图谱。随着菲亚特-克莱斯勒、沃尔沃、捷豹和吉利等车企生产的越来越多的汽车搭载了 Waymo 的技术，并且在更多城市道路上行驶，上述数字还会持续增长。

第 2 部分
价值向量

作为数实融合战略专家，我们很高兴地发现，Waymo通过与车企合作来利用数据网络效应，向世人展示了当今标志性的工业产品——汽车，是如何成为未来的融合性产品的。在 Waymo 与特斯拉的这场竞争中，决定成败的因素一部分是实体汽车的数量，但更重要的是在数据图谱和驾驶算法方面的优势，这两点才是实现自动驾驶的关键。

其他工业领域中的数实融合战略专家必须注意，和汽车行业一样，增加数字功能、实现设备互联，并不足以打造出性能卓越的汽车。别忘了，数字显示屏，通过蓝牙、Wi-Fi 和远程信息处理实现互联，以及远程诊断，这些功能正在迅速成为工业机器的标配。

要是那些工业巨头的 CEO 依然认为，开发融合性产品不过是不断推出新的功能，交给经理们去设计并生产，那就大错特错了。仅仅从产品设计中的工程卓越性以及制造和分销的规模效应这两个角度看待数字技术的优势，这未免有些狭隘。2015 年，通用汽车 CEO 玛丽·博拉曾说，汽车行业"要准备在未来 5 至 10 年去迎接过去 50 年来从未有过的变革"。她的这段话已经成为现实。

工业企业必须通过传感器、软件和云连接来提供数字功能，采集产品使用的实时数据（如图 5-1 左下象限所示），完成融合性产品的创新与开发。它们还必须增强汽车在采集、存储、整合和分析实时数据方面的功能，使融合性产品的性能更可靠、可持续优化，开发出更好的下一代产品。

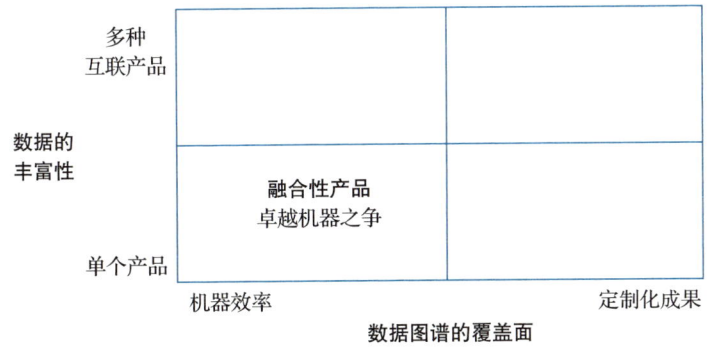

图 5-1 卓越机器之争中使用的融合性产品策略

随着工业领域对融合性产品策略的理解更深入，也更加重视该策略，那些老牌企业必须接受公司内更多跨职能的变化，并且要重构与供应商、客户及合作伙伴的跨企业关系。全新的竞争优势将体现在端到端的可视化能力上，数据可在延伸的价值链上溯源，从使用中的产品一直回溯到提供模块的供应商。

卓越机器的核心理念不仅适用于汽车行业，也适用

第 2 部分
价值向量

于很多可追踪并采集现场实时数据的工业机器。在油气行业，可通过采集设备上不同等级锈蚀的高清图像来训练模型，以预测发生故障的可能性和故障的持续时间。这样可帮助斯伦贝谢和哈里伯顿这类公司改进自己的设备。同时，不同油田的地震数据成像技术可能会重塑壳牌、埃克森美孚和沙特阿美的勘探经济模式。在另一场景中，智能互联建筑科技公司 View 已经开发出依托数据和人工智能技术的智能玻璃。这种玻璃可以根据阳光的强度变化自动调节透光度，这样不仅能获得更多的自然光，而且能最大限度地降低热量、减少刺眼的强光。View 设计的窗户可提高写字楼的能效，也省下了购置遮阳帘这笔不小的开支。同属建筑材料行业的康宁公司，通过采集其最新款 Gorilla 玻璃在不同智能手机上跌落性能的详细图像，就可对其基础模型进行训练，进而获取设计未来产品所需的洞察。

汽车堪称当今融合性产品的最佳范例，预示着工业机器将迎来一次更重大的转变。这次转变包含四大要素：一是产品能对不同客户场景下自身性能进行远程实时追溯，从而产生数据网络效应；二是由人工智能驱动的业务算法，可全面开展四种分析（即描述性分析、诊断性分析、预测性分析和规范性分析）；三是利用从这些分析中获得的洞察，远程且高效地向客户提供个性化价值；四是在下一次产品迭代时，把握那些能发挥人工智能作用的更重要的机会，开发出更优质的产品。

现在，让我们探讨一下如何将这一方法付诸实践吧。

未来之路

将传统产品转化为融合性产品需要遵循四个连续的步骤。我们将在第二部分使用这些步骤。第一步是设计融合性产品的架构；第二步是组织不同的流程，以便大规模、快速地部署产品；第三步是加快绘制过渡路线图；第四步是确定并完善盈利机制，以创造、获取并分配价值。这四个步骤会得到快速的反馈，不断循环。

建构

融合性产品与工业产品的区别是什么？大部分工业企业都使用专有技术、原料和工艺来设计产品。这其实

第 2 部分
价值向量

在意料之中。它们必须投入大量的时间、人才和资金来研究工业产品的科学原理、工程技术和经济模型，使产品达到最高性能水平。

数字技术正在挑战模拟假设。融合性产品的设计处在工业工程与信息科学的交叉领域。通过将物理世界与数字世界逐步结合起来，可以打造出可编程的新型硬件，提高工业机器的性能。此外，融合性产品通常采用模块化架构，配有软件操作系统和可与其他设备、部件和应用实现互操作的接口。融合性产品的架构设计是一个新兴领域，对老牌工业企业来说，临时将传感器和数据模块叠加在传统产品上，这种做法徒劳无益。在模拟设计中叠加数字功能，这样设计出的产品的性能永远无法同融合性产品相媲美。融合性产品专注于产生数据网络效应，使数据图谱能带来更深刻的洞察，而且能根据具体情境提出相应的建议。

融合性产品的架构摒弃了专有的模拟封闭式架构。它是一种开放式技术栈，整合了硬件、软件、应用和连接能力。这种新型设计更像是计算机架构，而非工业产品，尤其是该设计专注于三方数字孪生和动态数据。这种设计描绘了它的技术栈如何与行业内及不同行业间的其他技术栈相互关联。

最能体现上述架构变化的莫过于内燃机汽车向纯电动汽车的转型。新架构的一个要素是软件，也就是最终可能取代人类来驾驶汽车的"大脑"。梅赛德斯-奔驰在为其EQS电动车开发技术栈时，已认识到软件在汽车行业越来越重要。奔驰组建了一支内部团队开发自有操作系统MB.OS。公司还在研究如何将第三方硬件和软件（例如苹果的车载系统CarPlay）整合到汽车中，思考如何实现"出行即服务"。与此同时，这家豪华汽车制造商选择与芯片公司英伟达合作。英伟达已经与汽车行业的很多企业建立了伙伴关系，包括一级供应商、传感器制造商、汽车研究机构、地图公司以及数字初创企业。英伟达的芯片基于一系列通过互联器件实现连接的可配置逻辑块，可随设计变化重新编程，绑定软件后就能创建可升级的产品。这些芯片将成为纯电动汽车架构中不可或缺的组成部分。

梅赛德斯-奔驰的下一代汽车将成为可更新、可升级的融合性产品。这种产品基于英伟达芯片和MB.OS操作系统驱动的电动平台。奔驰宣称，它的优势在于自主开发操作系统。它宣布与英伟达合作开发软件定义架构。[4]

第 2 部分
价值向量

汽车架构会随着人工智能的深度应用持续演进（特斯拉已经证明了这一点），奔驰和其他老牌车企（例如大众、宝马、通用、丰田以及现代等）必须在软件栈和其他技术层面制定自研—采购—合作策略。

梅赛德斯－奔驰应记住，其数字技术栈与驾驶员的智能手机相连。今天，苹果的 CarPlay 仅通过与奔驰的硬件集成，就能控制收音机并调节温控系统，不久后，CarPlay 将在汽车的驾驶屏上显示车速里程、油量以及气温等信息。未来，在保证其采集动态数据的能力不受影响的前提下，奔驰必须找到与苹果实现互操作的方法。如果车企像特斯拉那样，始终专注于能实现车队学习的数据网络效应，那么它们就应该本着谨慎的态度去迎接苹果、百度（自动驾驶平台 Apollo）和谷歌（车载系统 Android Auto）的软件创新。它们还必须牢记，未来的技术发展可能会削弱传统车企相对于那些控制着汽车"大脑"的数字公司的优势。正因如此，工业企业必须及时了解融合性产品当前及未来的架构，包括必备模块与互联接口，选择自己想要掌控的领域，并邀请合作伙伴共同完成这一愿景。

梅赛德斯－奔驰的 CEO 康林松一直坚定地致力于实

第 5 章
卓越机器之争

现"软件定义汽车"这个愿景,他坚信,传统车企在整合现代汽车各项功能(例如驾驶、充电、舒适性、信息娱乐系统以及自动驾驶)方面发挥着重要的作用。他指出:"说起目前推动(汽车行业)转型的两项技术,一个是电驱系统,另一个是软件。我们决定在这两大领域进行垂直整合。我们需要拥有这些东西。我们要了解它们,拥有它们。"[5]

不出意外的是,生成式人工智能会影响汽车以及消费者与汽车的互动方式。梅赛德斯-奔驰正在与微软合作,将 ChatGPT 集成到其车载信息娱乐系统中,这样驾驶员说"你好,奔驰"就能激活指令。上一代语音助手仅限于预定义任务和应答,奔驰正借助微软在大语言模型上的优势,大幅提升其自然语言理解能力,并不断扩展该模型可响应的话题。

要明确哪些领域需要自主掌控以及如何实现不同领域的互联,每个车企必须掌握必要的专业知识。仅仅实现汽车的数字化是不够的。利用汽车行驶过程中生成的数据对于持续提升汽车自动驾驶能力至关重要。汽车的数字化是必要的,但对驾驶模式的分析才是差异化的核心。在生成式人工智能不断发展的背景下,车企和其他

第 2 部分
　　价值向量

工业企业将不得不探寻实现差异化的路径。例如，菲亚特推出了"产品天才"，这是一个能在元宇宙中回答潜在客户问题的真人；通用汽车正在测试未来的生成式人工智能助手；[6] 丰田更进一步，在研究生成式人工智能在产品设计中的作用。[7] 如今，工业机器的架构及其配套的制造体系正在经历快速重构。

整合

模拟–数字技术栈催生了新的能力，例如集成了电池的硬件、软件操作系统和应用程序，以及通过强大的算法分析的数据图谱。从打造传统产品转型为生产融合性产品，这对一家工业企业而言绝非易事。有且只有当整个组织拥有共同的愿景（第二步），企业才能发挥其在架构上的优势。

我们已经数不清有多少拥有绝佳创意的公司最后落败，只是因为不同的部门无法协同，未能意识到数字能力建设的重要性。通用电气曾提出要在十年内发展成数字化工业企业，但这项计划最终流产。时任通用汽车董事长的杰夫里·伊梅尔特在 2019 年发表在领英上的一篇

第 5 章
卓越机器之争

帖子中冷静地分析了原因。这也一直在提醒我们工业企业面临的三种危险：低估业务外包造成的数字赤字，高级管理层职能重叠，衡量数字业务成败的指标体系失准。[8]

梅赛德斯-奔驰要实现数字优先的愿景，仅仅靠建立软件部门并与英伟达签订合作协议是不够的。MB.OS 操作系统将汽车的动力总成、自动驾驶、娱乐信息系统、车身舒适系统相连，实现了端到端的组织协同。奔驰正在整合产品、流程以及性能数字孪生的逻辑，这三者的目标设定、科学原理和工程技术各不相同。其他车辆在不同环境下运行的错误代码的标准定义必须被持续输入机器学习算法中。这有助于发现与以往维修有关的模式，并尽可能回溯到具体的生产线和供应商。通过整合数据和流程，奔驰可确保面向客户的聊天机器人使用的数据与生产工程师、供应链高管评估供应商业绩时使用的数据是完全一样的。

要是你分析与汽车事故有关的具体案例，这种无缝衔接的端到端的内部和外部整合就更有优势。尽管车企都在力争实现零排放和零事故，可遗憾的是，事故不可避免。一旦配备了 OnStar 紧急救援服务的汽车出现了事故，通用汽车可通过传感器和软件判断事故的严重程

第 2 部分
价值向量

度,但无法第一时间将数据关联到相应的生产线和供应商提供的特定零部件。这些数据存在于不同的数据库中,机器无法获取,自然也无法查询描述性和规范性分析的结果。

特斯拉为了应对汽车事故,利用其三方数字孪生技术,完善了不同类型的信息:设计阶段的产品数据;生产线、机器人以及建立生产线的人员等方面的操作数据;发布前的测试数据;车速、行驶方向、安全带使用情况,以及是否启用 Autopilot 等相关性能数据。特斯拉利用其数字网络,在救援车辆到达事故现场之前,就可将事故数据与过去所有事故的数据相连,对可能造成此次事故的原因生成多种假设。[9] 作为融合性产品的生产商,特斯拉的一大核心优势在于它有能力研究汽车从设计到生产,再到使用的全过程实时数据。随着更多的工业企业在设计和配备机器时使用三方数字孪生技术,它们能利用实时数据不断充实工业数据图谱。

当领军企业认识到三方数字孪生技术的强大作用时,它们就会设法解决不可避免的割裂问题。独立地利用数字孪生很便捷。例如,把产品数字孪生委托给研发部门和设计组,把流程数字孪生安排给供应链、运营和服务部门，把性能数字孪生（包括服务和维修）交给营销部门。如果各部门可独立提出、资助并开展数字孪生，而且彼此保持明确的界限，成效会体现在狭义收益指标上。但从长远来看，只有将它们加以整合，才能充分发挥融合性产品的潜力。

你可能在软件行业内遇到过"技术负债"这个术语，是指目前能解决某个问题并加快产品开发进程的快捷方法，但后续需要投入更大的精力去补救。[10]我们发现融合领域内也存在类似的概念，即数据负债，即当数字孪生可独立定义关键的数据要素时，需要额外工作来整合并解读数据，以获得重要的洞察。老牌工业企业如果不能协同运作数字孪生技术，仍继续采用零散的管理方式，那么它们就会积累巨额数据负债。对工业界的领军企业来说，要想从融合性产品中创造并获取价值，一定要在设计和管理三方数字孪生、数据图谱和算法时制定出协调一致的方法。

如果企业能通过整合数字孪生技术，最大限度地减少数据负债，那么就能最大化信息资产，并借助强大的算法，将这种资产转化为商业价值。我们在前文提到过，消费行业率先使用数据图谱的公司，例如使用电影图谱

第 2 部分
　　价值向量

的奈飞以及使用社交图谱的 Facebook，都积累了稀缺的、有价值的、难以复制的信息资产。正是这种资产，让它们与众不同。生成式人工智能在工业界发展势头强劲，信息资产将成为关键的差异化要素。企业必须加快绘制路线图。我们将在下文探讨这个问题。

加速

与目前全球有超过 60% 的人口在使用的智能手机相比，工业领域融合性产品的普及速度要慢得多。大多数老牌工业企业有大量的老式机器遍布全球，而且每种产品的更新周期通常可达数十年。这一点尤其体现在那些可靠性尚在可接受范围内的机器上。融合性产品的发展前景会吸引那些支持者，但大多数工业产品的客户仍会继续购买、使用和操作他们熟悉的产品，即便这些产品只有有限的数字功能。那些老式机器运行的时间越长，企业向融合性未来转型的速度就越慢。其实，企业只需三步就可加快向融合性产品的转型。

首先，从商业模拟入手。工业企业可使用现有的数据，对加快产品替代路线图后可能获得的效益进行量化，包括有可能从竞争对手那里抢得的市场份额。假如凯斯纽荷兰加快了其自动驾驶拖拉机的研发，那么它能从卡特彼勒、约翰迪尔和马恒达那里抢走多少业务呢？假设马恒达只是在产品上添加了传感器和具有远程信息处理功能的软件（在不改变产品架构的前提下）。面对在数字技术领域积极进取的竞争对手，马恒达能保住自己的市场份额吗？不妨增加一些其他相关的场景，让你的商业模拟吸引到那些可能是早期支持者的客户。工业企业必须凭借上述模拟的结果，向早期支持者证明融合性产品的明显优势，激励他们从一开始就认可并应用新一代的融合性产品。

其次，开发具有插件功能和模块的最小可行融合性产品（MVFP），从而确保现有的传统产品能传输有价值的产品使用数据。现代的汽车已经搭载了诊断端口，可收集电子控制单元的数据。拖拉机和其他工业机器也有类似的诊断端口。约翰迪尔通过给使用中的拖拉机安装JDLink调制解调器，便可轻松收集数据。通过增加独特的协议，每个工业企业都能研究如何跟踪、收集并分析内置的"黑匣子"中的数据。过去这类数据大多被用来分析产品的故障，可现在工业企业开始系统地利用这些

第 2 部分
价值向量

数据绘制数据图谱，以便更深入地了解它们的产品在不同运行状态下的性能。最小可行融合性产品有三重目的：证明从现场收集一组数据属性的可行性；将数据导入数据图谱以执行相关分析；向无法独立解决问题的客户提供可执行的、有价值的建议。为了加快向融合性产品的转型，企业可以采用这种方法，在其现有的产品上添加传感器和软件，从而使产品能快速准确地传输数据。这样一来，企业也可以设计出与当前产品相兼容的界面。

最后，快速改造装机量。融合性产品的应用速度是决定成败的关键。我们对产品设计师的要求是，与数据科学家合作，共同制定一份长达数年的时间表，将当前的状态（给现有机器装配远程信息处理功能）转化为下一种状态：根据即将出现的全新数字功能的成本及功能信息，从头开始设计融合性产品。提出加快路线图的各种不同的选项，以便企业高管可根据成本效益分析的结果，对必要的投资做出明智的决策。企业安装的机器中融合性产品的占比提升得越快，就越能在竞争中取得差异化优势并战胜以往的对手，而后者可能受困于很多独特的制约因素。

融合性产品从本质上讲不是静态的。数字技术，尤其是传感器、软件和分析能力，都将持续改变产品的架构，重塑竞争应对策略。以区块链为例。这项技术可在出行服务、保险、供应链认证以及零件的可追溯性等方面派上用场。区块链的分布式账本技术通过汇集车主、车队经理和车企的数据，使数据可在生态系统内的企业间共享，因此区块链有望加快自动驾驶时代的到来。丰田已经在进行区块链方面的试验。[11] 我们尤其感兴趣的是，借助整个供应链的端到端的可追溯性，通过记录并共享有关零件制造、运输和交付的信息，在使用汽车整个生命周期内所有这些信息的过程中就有可能实现创新。一旦汽车区块链成为现实，三方数字孪生技术的作用将日益突显。这一切得益于不同地域的供应商、分销商、客户及合作伙伴的数据的可靠性。工业企业必须意识到在这些技术的交汇地带进行的组合式创新有可能造成的破坏以及可能出现的新机遇。

产品的转型能否成功，这取决于工业企业如何优化其"时钟速度"。作为计算机领域的隐喻，它包含三个要素，即设计速度、发展速度和应用速度。首先，设计速度是指从头开始建立融合性产品的架构并展示原型（包括其合作伙伴的角色）所需的时间。其次，开发

第 2 部分
　　价值向量

速度是指生产融合性产品所需的时间。这不仅要证明产品架构的可行性，还要证明是否有必要的基础设施（包括合作伙伴）来生产一定数量的产品，以便评估财务和技术方面的可行性。最后，应用速度是指企业加快发挥数据网络效应，以获得竞争优势所需的时间。这是建立稳态的过程，其中数据图谱得以明确，算法已经过训练，以开发关于如何解决产品的远程维护问题的启发式方法。

盈利

B2B 公司通常根据产品的性能及特征来给产品定价，但融合性产品的定价方式有所不同。这对工业企业来说一直是件难事。这是因为融合性产品为客户带来的价值体现在两个方面：短期来看，它们能提高效率；从长期来看，它们将提高生产力。融合性产品能确保机器的停工期为零或接近零；根据有着独特的数据图谱和算法的不同客户在不同应用中获得的洞察，推动产品的完善和升级；随着时间的推移，开发出更具创新性的产品。这些价值并不存在于模拟世界。数据图谱改变了价值创造的方式，从过去一次性的销售网点到现在每时每刻的使用。

融合性产品有三种方式实现盈利。第一是溢价定价策略。就像特斯拉那样，老牌工业企业也可以收取溢价。工业企业必须有效地推介产品性能，让客户充分理解融合性产品如何通过性能与可靠性来实现其价值主张。相比那些仅靠第三方排名（例如，J.D.Power 排名）或者平均历史数据来证明其产品性能的竞争对手，融合性产品的生产商可证明其产品溢价是合情合理的——它们利用数据图谱和生成式人工智能来确保它们的产品性能更佳、运行成本更低。通过三方数字孪生创造的信息资产有利于说服价格敏感型企业客户，毕竟这些客户看到可信的证据后，才会在采购时接受产品溢价。

第二是绩效合同。这类合同可根据实际数据，为产品不同程度的可靠性提供担保。在 UPS 或 Hertz 这类企业客户大批量采购汽车时，这种方法可能颇具吸引力。工业企业通常会根据其机器的平均可靠性来提供担保，而它们会在汇集了风险数据后计算出可靠性，但制造商所做的不止于此。制造商会通过实时数据、数据图谱以

第 2 部分
　　价值向量

及借助数字孪生技术和算法来解决问题的能力，为绩效合同提供有力支撑。

第三种有吸引力的盈利方式是利用融合性产品的洞察拓展边界。特斯拉能为其汽车提供更优质的保险服务，正是因为它能记录并分析每位司机的实际驾驶习惯，而不是简单地将司机划分成不同的风险群体并取平均值。

卓越机器之争一览表

企业的 CEO 以及行业资深高管关心的问题是，他们的产品能否有效地应对新的技术变革和竞争。他们还需要帮助，以便了解形形色色的数字技术以及如何将这些技术整合到产品设计中。以下三个问题有助于你了解自己是否为即将到来的战斗做好了准备。

你的产品是为数据图谱设计的吗？

不妨看一下自己的产品以及竞争对手的产品。不要太看重那些华而不实的数字功能，而要从产品本身动态数据传输能力这个角度，对你的产品相较竞品的表现进行系统性的评估。例如，老牌车企不仅要看电动汽车的数量，还要看有多少辆车能跟踪并传输详细的实时数据，及时完成软件的无线升级。同理，拖拉机公司不应仅评估从机器上收集数据的远程数据处理能力，还应评估机器在软件远程更新时的表现。是领先，还是落后？从那些凭借融合性产品取得领先优势的其他工业企业身上，你能学到些什么？

你在发挥数据网络效应的作用吗？

通过在不同场景下学习，企业能获得竞争优势。Waymo 正在新车和现有车型上安装自动驾驶软件。这样会形成强大的数据网络效应，使该公司在竞争中领先于大多数车企。在模拟领域，企业通过扩大市场份额和提高规模效应就能降低生产成本，获得竞争优势。但在融合领域，数据网络效应会带来出色的业绩。与竞争对手相比，你能在多大程度上利用数据网络效应，让你的算法获得新的洞察？

你在提供差异化的商业价值吗？

融合性产品能在市场中取得成功，是因为它们具有独特的优势，而这种优势是尚未采用融合性思维来设计

第 2 部分
价值向量

产品的竞争对手所无法比拟的。三方数字孪生是一个很好的出发点，但只有将数据与成果相连，才能产生价值。随着人工智能的发展，工业算法有可能大幅提高产品性能。像福特和通用这样的车企不仅要借助电气架构来实现产品的差异化，还要重视如何通过数据和人工智能实现差异化。这一点也适用于其他工业企业。通过利用高性能云计算，工业企业可借助三方数字孪生来提供数据，以便对算法进行训练，持续提升产品性能。这种方法还有利于这些企业提前发现并解决问题，确保其产品性能优于竞争对手，你的价值主张非常独特，能吸引大多数客户吗？

是否走数字化道路，这已不再是生产工业产品的企业面临的选择。然而，仅仅在传统产品中增添数字功能，自然是不够的。要想在卓越机器之争中取得胜利，就要彻底改造产品的架构——从设计到制造，再到应用。只有工业企业掌握了能体现数据网络效应和工业算法的强大作用的数字技术，它们才能找到其他方式去释放新技术的价值。在各种工业会议上展示最新型机器的原型机，这不过是第一步。马斯克曾若有所思地说："原型容易，生产很难。"我们需要补充的是，只有当工业企业能证明其具备专业能力，可借助现场部署的那些机器产生的数据网络效应，实现无可比拟的价值时，它们才真正拥有了独特的竞争优势。

融合性产品是起点。它们是工业企业尝试未来各种选项前的第一个阶段。其中一种选项就是融合性服务。我们接下来就探讨这一话题。

第 6 章　交付卓越成果的竞赛

美国工业巨头约翰迪尔在逐步使用数字功能重新设计它的工业设备，例如拖拉机、联合收割机、播种机、耕作机、喷雾器、切割机、铲土机和装载机。在 20 世纪 90 年代中期，约翰迪尔成立了专门的数字化团队，推出了一款装有 GPS 的拖拉机，让农民有时间去关注那些无法实现自动化的高价值活动。借助这项创新，约翰迪尔拖拉机上的每个传感器都带有空间位置的信息。通过使用与 GPS 相连的传感器，约翰迪尔可对农活中的某些关键步骤——播种、施肥和收割——进行跟踪，并对实际表现进行评估。

早在"农业科技战略"这个词语出现或成为一种潮

第 6 章
交付卓越成果的竞赛

流之前，约翰迪尔就已经在推行这一战略了。180 多年来，约翰迪尔在生产大型钢铁机器方面积累了丰富的经验，但现在它越来越依靠极其庞大的精确数据，以更好地了解客户的业务。约翰迪尔不仅提供了更多的设备或性能更优的机器，而且提供能提高客户利润的模拟－数字服务，专注于释放产品的价值。这种服务就是融合性服务。

我们在第 1 章谈到的 See & Spray 也不例外。这项新技术是由约翰迪尔在 2017 年收购的蓝河科技开发的。[1] 近年来，约翰迪尔的机器都安装了传感器，以便在世界各地的农民使用其产品时，收集到产品的使用数据。通过传感器，约翰迪尔可实时分析其产品的性能和产量，了解故障发生的时间、地点和原因，更深入地探究造成故障原因。

因此，约翰迪尔对拖拉机的认知并不是一台工业机器，而是一台安装在四个轮子上、实现了云连接的计算机。一直以来，约翰迪尔的数字化团队都在重点研究如何以最有效的方式收集产品数据、将数据传回总部、为借助人工智能的机器学习提供数据，以及利用洞察来帮助农民提高生产效率和利润。

第 2 部分
价值向量

大多数农民只能获取自己农场上的数据。每个农民都会根据自己在操作中积累的数据和经验，结合代代相传的隐性知识，形成关于最佳实践的启发性方法。相比之下，约翰迪尔拥有所有使用其产品的农民的数据，还可以通过其数据网络效应和数据图谱获得洞察，进而获得附加值。

通过将某个农场上的所有同类机器相连，云驱动的 JDLink 系统可以帮助约翰迪尔向世界各地的农民使用的同类机器学习。约翰迪尔已开始大规模地收集数据：它每秒从在全球超过 3.25 亿英亩①土地上运行的大约 50 万台互联的机器上收集 1 000 万至 1 500 万条测量数据。[2] 在将这些数据导入其机器学习算法后，约翰迪尔就能系统地开发相关流程，以权威的身份，自信地指导农民的行为。

由于约翰迪尔是农用机械市场的领军企业之一，它的数据网络效应要比竞争对手更强大，毕竟后者现在没有，将来也不会获得约翰迪尔数据图谱的底层数据。约翰迪尔过去一直靠的是其机器的规模和覆盖范围，可如今它的竞争优势已发生转变，开始借助于受保护的数据

---

① 一英亩约合 4 046 平方米。——编者注

第 6 章
交付卓越成果的竞赛

及对这种数据进行微观分析的能力，以提供解决方案。

正因如此，那种将描述性和诊断性分析与预测性和规范性分析相连的逻辑才是约翰迪尔的优势所在。通过推出具有数据收集和传输功能的新型机器，同时设法去改造老式机器，约翰迪尔始终比竞争对手更有优势。约翰迪尔开始在 2024 年推出的拖拉机上安装自主组件，以便拖拉机能充分利用未来的创新技术。在设计用于数据传输的新一代调制解调器时，约翰迪尔从未忘记那些老旧产品。

就约翰迪尔而言，硬件层和软件层被组合成一个综合显示器，成为田间作业的控制中心。约翰迪尔的拖拉机装配有自动化系统，可在田地里完成准确的末端转弯，通过减少故障和浪费来降低操作人员的压力和投入成本。在使用约翰迪尔全新的 8RX 拖拉机时，农民可以远程监测拖拉机的运行状况，对数据进行实时分析，将来还能实现机器的自主操作。相较那些在数字化道路上起步较晚的农用机械制造商，约翰迪尔在收购了多家数字初创公司后就占据了优势。2021 年，约翰迪尔收购了农业机器人公司 Bear Flag Robotics，从而掌握了一项能与其现有机器相兼容的自动驾驶技术。这无疑是一大优势。

第 2 部分
　　价值向量

约翰迪尔的 See & Spray 系统体现了专注于农药的融合性思维。以前，在农业活动中，最有效的做法就是将农药均匀地喷洒在整个农田里，即通过地毯式喷施来解决杂草或病虫害问题。这种做法目前正逐渐被仅针对杂草的选择性喷施所取代。这一创新不仅仅体现在定向喷施上。在穿过一片农田后，该系统就能生成两张图像，其提供的洞察可帮助农民更好地管理杂草。喷施图显示了每次经过农田时喷施除草剂的面积所占农田总面积的百分比，杂草压力图显示了农田里所有杂草的位置。只有少数公司能借助数据资源、视觉人工智能以及分析能力，提供这种定制化的服务。随着越来越多的喷雾器被应用于更多样的地方，约翰迪尔将在杂草控制方面积累无可比拟的专业能力。

农活不只是除草，还涉及肥料管理，这一点直接影响农场的盈利能力。作为约翰迪尔最新推出的创新型产品，ExactShot 能利用机器上的传感器和机器人技术，只在必要时进行准确的施肥，而不是沿着整行种子不停地施肥。这种方法最高可使施肥量降低 60%，从而提高企业效益。

一张图像上标有 500 亿个数据点，能显示装配有物

第 6 章
交付卓越成果的竞赛

联网的机器提供的农田状况和地形信息。借此，约翰迪尔已经打造出美国农场和草坪领域的智能神经系统。假以时日，涉及种子、肥料和杂草的管理数据就能为全球农场盈利能力的因果关系分析提供有力的依据。约翰迪尔的拖拉机采用创新性设计，但它的最终目标不只是提高拖拉机的生产力指标，还要提高农场的利润。

约翰迪尔的创新不止于此。约翰迪尔位于旧金山的实验室重点研究的是如何利用计算机视觉技术，对谷物进行最有效的分类。就像特斯拉的汽车团队一样，约翰迪尔的视觉团队在训练其算法进行跨情境学习，并通过分析不同小气候及多样土壤条件下种植不同种子的农田传来的图像，以优化启发式决策模式。在不同生长环境下，种子会产出不同质量的农作物，而只有经验丰富的农民才能辨别环境这一特性，但约翰迪尔正在训练其算法来做到这一点。机械化设备一旦使用了可以实现云连接的计算机视觉技术，它就能为工业企业提供数据，以便企业进行跨场景学习并为农民提供指导，从而取得更好的业绩。通过吸引那些有潜力的初创企业参与其合作计划，约翰迪尔有望开辟出更多为客户创造价值的途径。

约翰迪尔的数字架构栈能助力其实现成为农业科技

第 2 部分
　　价值向量

领军企业的愿景。数字架构栈的要素包括硬件和软件、GPS 驱动的导航系统、与操作中心的连接、提高机器的肥料和杂草管理"智商"的自动化系统，以及自主性。约翰迪尔建立这种数字基础设施，就是为了提供融合性服务——经数据图谱和分析充实后的融合性服务。为了保持领先地位，约翰迪尔必须实现其工业机器、设备和人工智能能力的互联，以构建极其详细的农场运营知识体系。只有凭借这些专业能力，约翰迪尔为农民提供的机器才会具有无可匹敌的性能表现。

今天的农业属于数据密集型行业，商业实践也早已超越代代相传的历书、笔记、规则和指南的范畴。借助于内置到 Tomorrow.io 这类初创企业新应用中的天气和气候人工智能，农民可做出更精确的数据驱动的决策，进而增强农场的盈利能力。如今，作为一种基于 ChatGPT 的农业领域的原始创新，Norm 可通过有关天气、土壤监测和当前事件的公开数据，对农民的查询做出答复。不久后，这种模型在经过政府机构（例如美国国家海洋和大气管理局）和私营部门（例如嘉吉、拜耳和先正达）提供的天气数据的训练后，有望释放潜在的价值。这就是融合性服务的发展前景。

第 6 章
交付卓越成果的竞赛

服务范式的转变

工业企业对服务营收和利润流并不陌生，这是因为相较于从模拟机器中获取的价值，它们历来从服务中获取的价值相当，甚至更多。机器和设备的开发需要投入大笔资金，而全国性和区域性的经济政策催生出各国本土的资本设备制造商。由于市场竞争激烈，产品的利润率可谓微乎其微。工业企业一直看重的是服务（如维护合同、升级性能以及融资），以达到增加收入的目的。随着设备不断老化，这些服务会持续增加。但维护权相关倡议和法规威胁着这种利润池。有些工业企业提供租赁式或订阅式服务，客户只需为老牌企业的机器实现的产量或性能付费，而无须投入资金去购买机器。这种资金驱动的服务不仅涉及面广，而且利润颇丰。但是，这种服务并不是融合性服务。

为什么呢？这主要是因为这些服务无法追溯产品的使用数据，也无法发挥数据网络效应。如第 4 章的融合策略框架和图 6-1 所示，融合性服务实现了公司的产品与客户运营中的关键业务流程的互联。三方数字孪生最大限度地渗透到客户的运营中。只有通过这种更深刻的

第 2 部分
　　价值向量

联系——一种靠信任建立起的联系,工业企业才能提高客户的生产效率。数据图谱的范围不断扩大,甚至包括了能反映客户商业目标的数据元素,而算法有利于预测并提出各种建议,以提高企业的盈利能力。

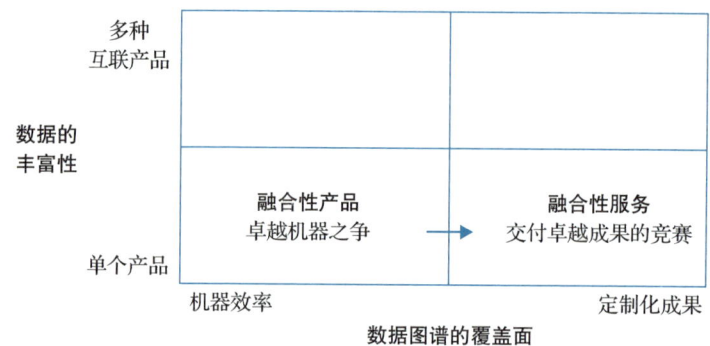

图 6-1　在交付卓越成果的竞赛中推行融合性服务策略

工业企业提供服务的终极目标是实现规模化、快速化的定制服务,也就是在恰当的时间以合理的价格向全体客户提供合适的服务。目前,这种服务仍处于起步阶段。专家和顾问在研究了机器的工作原理,分析了老牌企业及其合作伙伴为保证机器的正常运行所提供的服务后,提出了改进服务的建议。然而,融合性服务可通过从数据网络效应中获取的专有洞察来创造新的价值,并凭借定制化算法来获取其中的大部分价值。

随着时间的推移,依托各种条件的数据网络效应,

第 6 章
交付卓越成果的竞赛

机器学习算法在持续改进 See & Spray 和 ExactShot 这类创新产品的性能。数据网络效应和算法将帮助约翰迪尔的数字化工业机器未来为客户提供更好的服务。约翰迪尔的 CEO 约翰·梅指出，"机器学习是关乎公司未来发展的重要能力"。[3]

融合性产品和融合性服务在增强客户成果方面采用了截然不同的方式。借助融合性产品，机器的运行时间能接近 100%。这样可减少客户的维护时间，反过来就能提高客户的盈利能力。数据图谱和算法可帮助约翰迪尔从补救性（响应式）维护转向预测性（主动式）维护，从而实现融合性产品的价值主张。然而，约翰迪尔还提供了融合性服务。

在分析不同农场、地区和国家的 See & Spray 系统数据后，约翰迪尔将这种数据导入其人工智能／机器学习中，这样有助于约翰迪尔制定出增加农作物产量的规则。这项服务并不是要从机器运行时间入手来确保效率，而是要关注 See & Spray 系统能在多大程度上增加产量。如果雇用人员来提供 See & Spray 服务，不仅费用高、耗时长，而且容易出错。通过融合性服务，约翰迪尔可提高客户运营的效率及效果，进而增加客户的利润。因此，

第 2 部分
价值向量

融合性服务形成的利润池会超过融合性产品形成的利润池。

要想做到这一点，工业企业必须确保自己设计的产品能被轻松整合到客户的运营中，并由此发现提高客户生产力的新途径。为了最大限度地提高客户所能获取的价值，工业企业必须学会在不依赖大批现场技术人员或是聘请服务合作伙伴的情况下实现这一目标，毕竟这样能节省不少费用。相反，定制化的建议必须几乎自动地从数据、数据图谱以及由算法支持的领域专业知识中生成。

约翰迪尔的目标是从提高机器的运行效率转向影响农场的盈利能力，这突显了打造融合性服务的四大方面：通过无缝衔接的数据流、数据网络效应和服务数据图谱，将服务整合到客户的运营中；利用这些数据图谱，开展基于人工智能算法的描述性、诊断性、预测性和规范性分析；利用这些算法为客户快速、有效地提供定制化的商业建议；通过更深入地了解客户的具体运营情况，提出未来的价值主张。我们来看一下如何将其付诸实践。

第 6 章
交付卓越成果的竞赛

提供融合性服务的路径

很多工业企业都声称自己重视服务并以客户为中心，但对于自己的机器如何直接提高客户的盈利能力，它们很少有相关的实时信息。尽管它们能够获取高级数据来帮它们广泛评估影响，但是它们无法提供定制化产品，自然也就无法最大限度地提升客户的业绩。它们的宣传册和企业资料中都展示了表现优异的案例，但对于那些排名靠后的企业如何系统性地提升自身地位，它们未能做出深入的分析。

那些试图向融合性服务转型的工业企业面临着内外双重挑战。内部的挑战就是要放弃销售至上、服务第二的思维定式，转而将客户成果放在首位。一旦基层工程师和营销人员接受了这一全新的战略定位，外部的挑战就在于如何让客户（现有客户和潜在客户）相信，这次战略调整并非只是营销噱头。融合性服务基于一种基本信念，即如果工业企业不能深度嵌入客户的运营，也不进行内部的战略调整，它们就无法影响客户的盈利能力。

我们简要说明一下工业企业成为融合性服务领军企业的四个步骤（类似于我们在第 5 章讨论过的传统产品

第 2 部分
　　价值向量

转型为融合性产品的四个步骤）。第一步是建构全新的服务，将数字化连接点融入客户运营。第二步是端到端地组织公司的运营。第三步是加快路线图的实施，确保服务能按时大规模地交付。第四步是以一种公平公正的方式实现服务的变现，为所有的贡献者释放新的价值。这四个步骤在快速反馈中不断循环。

建构

扩大融合性服务的范围，将这种服务充分整合到客户的运营中，这是一项重大的挑战。客户一般并不希望工业企业插手自身的经营活动，因此先要说服客户参与融合性服务。企业客户会比个人客户更加谨慎，这其实无可厚非。个人客户要么是因为无知，要么是无意中允许很多公司通过智能手机和其他数字设备及服务"链接"到自己的日常生活中。

要开启有关数字互联的对话，一种方法是将话题与新兴的企业战略重点（例如可持续发展或供应链韧性建设）相结合。例如，联合利华提出了可再生农业原则，即"积极影响土壤健康、水质、空气质量、碳捕集和生

第 6 章
交付卓越成果的竞赛

物多样性"。联合利华更倾向于与那些业务实践符合上述原则的农民开展合作,因此约翰迪尔、凯斯纽荷兰、拜耳、嘉吉等企业就可以通过这一新倡议,实现其数据系统的互联互通,从而帮助农民证明他们遵循了这一原则。全球供应链的中断也使加强韧性建设成为大部分工业部门(包括建筑和交通运输)优先考虑的事情。工业企业可以证明,数字化连接点如何实现端到端可视化以及如何发现那些可降低并管理供应链风险的替代性方法。例如,在疫情发生之初,农机公司爱科的应对措施是对标客户新的战略重点,帮助客户激活飞轮效应——推动沉重的飞轮产生动能,直到飞轮本身开始越转越快——最终确保能让更多的客户实现互联。

要想融入客户的经营活动,第二种方法就是要让客户认识到实时数据的价值。工业企业可使用轻资产案例,向客户阐明融合性服务通过实时数据分析所带来的优势。在卡车运输和物流领域,优步使用了能向承运人显示航运机会和预先定价的应用程序。如果能根据试点项目中获取的数据开展模拟,那么就能更有效地说服客户了。例如,约翰迪尔利用从 See & Spray 中获取的数据,预测如何通过将整个耕作周期内的所有设备进行互联来提

第 2 部分
价值向量

高农场的产量。凯斯纽荷兰正设法证明其完美的融合性服务（研究→购买→计划→使用→报告）的价值，因为这种服务能最大限度地提高农作物产量和整个农场的绩效。拜耳的农学家与 Climate Corporation（一家意外天气保险公司）的数据科学家合作，就能让那些满心疑虑的客户相信，数据图谱和视觉化在精准农业中发挥着重要的作用。

第三种方法是提供带折扣或有补贴的融合性服务，以获取专有数据。很多客户需要借助外力才能让飞轮高速转动起来，进而收集大量重要的客户数据，并从中获得洞察以及开发商业算法。在以折扣价向早期客户提供服务后，工业企业本着共同探索新路径的精神，可能会恳请客户提供那些能说明并突显以下两点的数据：数据图谱的作用；将企业产品与客户运营互联的数字化连接点如何给双方带来更大的价值。

第四种方法是证明工业企业在主动接受融合性服务时做出的承诺和秉持的信念。为了让客户更愿意让企业参与自身的经营，那些老牌企业要展示自己拥有的数字基础设施和数据收集能力，以及自己聘用的人才。此外，它们还要证明自己的定制化服务不是基于僵化的规则及

第 6 章
交付卓越成果的竞赛

直觉，而是基于人工智能对实时数据的分析。

工业企业必须让客户对它们的能力深信不疑。向融合性服务的转型会重塑竞争格局，因此工业企业必须与那些更了解数据、系统和人工智能的数字初创企业展开竞争。老牌企业只有向客户证明，它们的优势在于深厚的专业知识、从数据中不断学习的能力以及为机器实时提供可行建议的能力，才能借助融合性服务赢得竞争。

整合

在工业企业征得客户的同意，将其数据源接入客户的运营并奠定基础后，下一步就是要确保企业内各部门和外部合作伙伴就数据的运用方式达成共识，向客户提供差异化的服务。

价值创造与价值获取的重心发生了转移，从工业企业生产的机器转向其提供的那种能提高客户盈利能力的服务。然而，大部分工业企业的内部机构仍固守产品意识（而非形成服务意识），深陷于传统的封闭状态之中。绩效考核指标必须基于买方的业务，而非卖方的业务。因此，工业企业必须增强能力、拓展知识，以掌控前者。

第 2 部分
价值向量

为了确保自己的部门更了解客户,那些强调服务的高管们至少要考虑可能推行变革的三大领域。

第一,高管们必须从根本上相信并确保组织架构能支持以重新界定的服务为核心的新战略。约翰迪尔于 2020 年宣布建立的新架构推动了整合型产品路线图及相关投资,旨在全面满足客户需求。[4] 在很多老牌工业企业内,销售和服务部门相互独立,这反映了一种销售至上、服务第二的战略定位。大部分服务部门在确定自己的职责范围和考核指标时,考虑的是机器的性能,而不是它们的服务如何提高客户的生产力。在多数情况下,它们可能并不知道自己的机器可以被整合到客户的运营中。有效的融合性服务需要销售和服务部门相向而行,加强协调,使用相同的端口来持续收集客户运营数据,并利用共同的绩效考核指标进行评估。

将数字绩效孪生延伸到客户的运营中,为获取更丰富、更及时的数据建立了一个更有效的路径。就约翰迪尔而言,在其全系列机器以前所未有的高精度、自动化水平、速度及效率为客户创造价值方面,全面的科技栈发挥着积极的作用。在很多其他场景下,向服务的转型会造成不同职能部门间的冲突。

第二，CEO 必须全力支持三方数字孪生在公司外部的整合，这是因为性能数字孪生如今已经进一步延伸到客户的运营中，而且更加强调安全性和隐私性。如第 5 章所述，相比专注于机器性能的数字孪生，专注于机器如何影响客户盈利能力的三方数字孪生更强大、更重要。

服务绩效数字孪生将确保企业能利用一切机会，深入了解客户在各种应用场景和地理区域中实际使用的产品情况。假设约翰迪尔或凯斯纽荷兰这类公司开发出一个全面且不断扩展的知识本体，用于梳理客户在使用其设备过程中影响盈利能力的关键因素。这样一来，它们就会比其他工业企业更有竞争优势，这一点类似于谷歌的知识图谱从各种搜索查询中获得洞察的做法。要想成功地试用生成式人工智能，工业企业必须简化整个端到端的流程并形成端到端的认识。这将有利于它们掌握多模态知识本体并借此提出建议。如果企业不能终结其内部各自为政的状况，那么生成式人工智能模型的作用就会大打折扣。

第三，要提供有效的融合性服务，企业就要发挥外部各方力量的作用。策略分析师要从一开始就选择他们青睐的供应商、零售商和合作伙伴，这是因为他们在执

第 2 部分
　　价值向量

行融合性服务策略时需要互补性数据源和科技合作伙伴。他们要绘制出路线图，以说明老牌企业计划进行生产、采购和合作的地点，而且他们承诺投入的资源将表明他们计划如何将客户的流程与自身的流程相连。因此，在融合性服务中，对企业来说，关键是让工作重心跳出机器和设备这种狭隘的视角，将每个客户的运营视为自身运营的一种延伸。

加速

如何有效地加强融合性服务呢？这个问题很重要，因为工业企业必须在这个方面投入稀缺的财力和人力，而且高管们还要挤出时间来做这件事。为此，它们不得不减少在其他战略重点上的投入。对那些体系完善的公司而言，这种对资源的重新调配始终是个挑战。

从少数意愿强烈的客户入手，积极打造最小可行的融合性服务（MVFS）。这可不只是餐巾素描和幻灯片集合。它是一种原型，描述了如何与意愿强烈的客户共同打造服务项目，并尽可能详细地说明（必要时借助模拟方式）数据网络效应如何整合到服务数据图谱的建构中、有关服务数据图谱的算法如何生成可行的方法，以及建议如何转化成商业效益。最小可行的融合性服务将提供重要的洞察，有利于企业认清它们与客户一起做大做强时会遇到的机遇和面临的挑战。最小可行的融合性服务将列出服务提供商的内部需要、企业的采购实体以及双方交易的性质。它还将说明客户在分享数据以及测试不同盈利机制时的意愿。该项目将揭示如何使用半结构化和非结构化的数据来完善结构化、规范化的数据。在试点项目结束时，即使那些曾经意愿强烈的客户最终不愿长期接受相关服务，企业仍能从中汲取宝贵的经验教训。

路线图上的下一个阶段是建立更完善的服务项目，以提供给精选出的早期爱好者。这个群体最好由各个业务部门和区域的不同类型的客户组成，这样有利于工业企业验证如何使自己设计的核心服务满足其他客户的需求。融合性服务并非一劳永逸的解决方案，而是提供多个可整合的模块，以满足客户的具体需求。不妨将早期爱好者看作一种有效途径，这样可以帮助你深入了解不同类型的硬件和软件整合、额外的数字化连接点实现互操的便利程度以及对其他客户的各种成效的作用和责任

第 2 部分
价值向量

等。通过这个群体,企业可了解如何快速实现数据收集及分析的自动化,以及如何将机器学习与人类的专业知识最有效地结合起来。

根据第二阶段的成果,工业企业可以转向一群快速追随者,如果一切顺利的话,接着转向更主流的服务项目。

通过这种分阶段的方法,工业企业可以对合作关系在数据互操性中的作用进行分析。正如云计算可以降低计算成本一样,数据交换会使数据更容易获取。亚马逊云科技、微软和雪花等公司精心设计的数据交换就是例子。虽然农业、建筑、住宅建设、交通运输以及物流等行业在数据交换之初使用的是标准数据,但是它们很快会扩大范围,提供更多样、更有价值的数据。这样一来,那些通晓各种分析和算法、能提供切实可行的建议的公司便开始拥有竞争优势。

在制订加快计划时,企业还要认识到并购的重要性。几十年前,当 IBM 从硬件制造商向 B2B 服务提供商进行战略转型时,它缺乏专业咨询能力,因此需要收购普华永道,借此顺利完成转型。同样,2013 年,孟山都以约

第 6 章
交付卓越成果的竞赛

10 亿美元收购了 Climate Corporation，希望将后者在农业分析和风险管理方面的专业优势与自身的研发能力结合起来，以便农民能掌握更多有关影响农作物收成的关键因素的信息。这是工业企业围绕传统的产品提供数字服务的最初举措之一。

约翰迪尔大约 20 年来一直在其拖拉机中增加数字功能。后来，约翰迪尔才完成了一次重大收购，即收购了蓝河科技。约翰迪尔充分认识到加快自身数字能力建设的重要性。2020 年，它成为一家电池科技公司的大股东，并且收购了一个客服平台 AgriSync。2022 年，约翰迪尔从专注于自动驾驶汽车深度感应技术和基于摄像头的感知技术的公司 Light 那里取得了专利及知识产权。2023 年，约翰迪尔收购了精准喷施公司 Smart Apply 以及智能机器人公司 SparkAI。约翰迪尔的 CEO 和高级管理团队致力于通过兼并、合作及收购等方式，实现自身的数字化转型。

与此同时，为了加快数字化转型，凯斯纽荷兰于 2021 年收购了雷文工业，并在 2023 年收购了机器视觉技术公司 Augmenta，其中后者自主开发的 Sense & Act 技术是约翰迪尔同类产品的竞争对手。[5] 向融合性服务的

第 2 部分
价值向量

转型可能是循序渐进的,但并购会加快这一进程。工业企业应寻找潜在的收购对象,以开启迈向融合性服务之旅,但要当心整合中遇到的各种挑战。

盈利

如果工业企业能更深入地参与客户的运营,以利用自身的数据并创造新价值,那么它们可不能独享自己获取的所有价值。相反,它们要与客户公平、透明地分享这些价值。据麦肯锡估算,在美国葡萄园的数字化过程中,随着产量的增加和成本的降低,葡萄园释放的价值可达每英亩 200 至 800 美元。[6] 据埃森哲估测,数据驱动的决策可使农场每英亩的绩效提高 55 至 110 美元,具体金额取决于农作物的种类。[7] 然而,大多数农民和工业采购商并不相信平均绩效会有如此大幅度的提升,毕竟这种提升离不开很多要素,其中不少要素是决策者无法控制的。这恰恰是能提出可行建议的数据图谱的用武之地。

初期,客户可能需要企业更详细地说明融合性服务的作用及益处。这时,企业可以考虑推出非捆绑定价模

第 6 章
交付卓越成果的竞赛

式,即客户可以像以前一样购买融合性产品,但没有附带的混淆条款。接着,客户会单独地评估那些基于数据网络效应的融合性服务和依据算法提出的建议是否有价值。有些谨慎的客户会研究第三方服务提供商是否比提供融合性服务的工业企业更具优势。这是因为像 Samsara 这类单一业务的服务公司,即仅提供服务且服务不与任何具体产品绑定的公司,已经在利用远程信息处理、远程设备监测以及工作现场可视性等方面的最新技术,以设计并应用可提供具有竞争力的服务的互联运营云。这种单一业务的公司可将必要的功能加以整合,但无须拥有物理设备。仅提供数字服务的公司会通过远程数据传输和软件,在客户现场事后将数字链接导入工业产品,以创造客户价值,并与历来由约翰迪尔、卡特彼勒、ABB 等公司提供的服务展开竞争。鉴于此,约翰迪尔通过与 Samsara 建立合作关系来增强其融合性服务的吸引力,这就不足为奇了。工业界的客户会有这样一个疑虑——融合性服务公司借助自身的一体化三方数字孪生技术,果真能提出第三方公司无法提出的建议吗?要回答这个问题,它们最好能对服务项目进行系统的比较。

工业企业为了捍卫自己的一体化价值主张,自然会

第 2 部分
　价值向量

采用捆绑定价模式。它们的价值主张是否可行，这完全取决于从不同场景下产品和服务的专业知识中获取的定制化建议是否真实有效。有不少质疑者试图凭经验开发启发式的方法，但融合性服务借助网络效应能从一众方法中脱颖而出。商业流程越是简单，客户就越是愿意让工业企业关照自己的运营，确保数据集成并给客户带来附加值。工业企业收集数据时涉及的客户群越广泛、越多样，它们提出的服务建议就可能越自信。最后，工业企业还可以与客户签订合约。这些合约虽不能给工业企业带来收入，但能授权它们收集更多的客户数据。

包括农业在内的很多行业越来越认识到，数字化会影响经营绩效。2020 年，麦肯锡对农业价值链上的 100 多家公司进行了研究，发现仅有 30% 至 40% 的公司能在数字化进程中获得正向收益。[8] 因此，尽管通过自动化实现的初级数字化带来的好处微乎其微，但那些能利用数据网络效应，向具体客户提供定制化建议的公司能获得更大的利益。这证实了我们自己的观点，即融合性服务带来的最新价值离不开数据图谱（数据网络效应）和强大的算法。其中，数据图谱能收集不同场景下的数据，算法能针对具体客户提出切实可行的建议。

工业企业在提供服务时应注意经销商和分销商的作用。融合性服务无法通过远程运营中心和云平台实现异地交付。通常情况下，而且在可预见的未来，对无法进行自我诊断和自我修复的机器来说，维护离不开人类的干预。就连特斯拉也设有维护中心。在无法通过空中软件更新来完成机器的维修时，这些实体维护中心就会发挥作用。约翰迪尔、ABB、卡特彼勒和凯斯纽荷兰等工业企业已经与经销商、承包商和服务提供商建立起长期的合作关系。这些本地经销商拥有农业方面的隐性知识，可与传感器和卫星手机的系统化数据形成互补。应邀请它们一起提供融合性服务，这样可以确保它们从产生的新价值中分得自己应得的那一份。

交付卓越成果的清单

面对当下的数字变革，大公司的 CEO 必须系统地考虑业务范围。在第 5 章，我们强调了专注于数字技术栈的重要性，因为这样才能重新设计机器并确保机器充分整合到产品的数据图谱中。在此之后，也只有在此之后，

第 2 部分
价值向量

公司才可迈出自己的业务范围，探讨如何与客户互联，使自己的服务数据图谱成为公司未来发展的关键。

在模拟世界中，有很多方式向客户提供服务，包括授权维修、响应式维护、延长保修期、委托管理服务，以及将资本支出转向运营支出的金融工程。这些服务并未发挥数据网络效应的作用，因此大同小异。你应该将融合性服务作为一项发展策略吗？不妨思考一下我们提出的三个问题。

我们的服务能否通过数据图谱，为客户带来更好的成效？

虽然工业时代的服务强调的始终是机器的运行时间，但是融合性服务关注的是通过一流的专业能力和定制化的建议，达到提高客户成效的目的。如果你能对客户绩效未能达标的原因提出真知灼见，还能提出具体的建议，指导客户更好地利用从你的机器中获得的洞察来提高自身的经营业绩，那么你就应考虑融合性服务。

2012 年，当阿联酋航空注意到某些 GE-90 发动机的零件正在加速老化时，该公司提前要求通用航空将那些

第 6 章
交付卓越成果的竞赛

发动机从飞机上拆卸下来，进行预防性维护。该公司不希望看到发动机出现故障或者出现比预计时间更长的停工期。这个要求给双方都带来了不小的财务压力。如果发动机的维护次数超出计划，那会增加通用航空的成本。而阿联酋航空则需要采购更多的发动机和零件。在模拟时代，通用航空会默默地将发动机拆下来，完成更多的维护，独自承受资金负担。

作为数字时代的一个标志，通用航空求助于通用软件，因为后者可通过数字孪生技术模拟通用航空供应的所有发动机在阿联酋航空公司机群中的表现。结果发现，发动机可分成两类。一类发动机在迪拜飞往中东其他国家和地区及南亚地区的短途航班上使用，运行环境炎热干燥；另一类发动机则是在迪拜与美国及西欧之间的长途航班上使用，运行环境更好一些。短途航班发动机的老化速度比通用预想的还要快，而长途航班发动机的老化速度会慢一些。[9] 通用航空借助数据图谱提供的分析结果，制订了一项计划。根据该计划，通用航空可增加短途航班发动机维护检查的次数，使双方都从中受益。具体来说，这项计划有助于双方提高净利润，阐明了融合性服务的优势。

第 2 部分
　　价值向量

我们的服务能将人类的专业知识与人工智能结合起来吗？

卡特彼勒率先使用数字孪生技术，通过对停工期进行极其精细的预测以及对面向不同客户的自动化钻探工艺进行微调，提供数据生成的洞察，进而提高客户成效。但人类发挥着辅助性作用：针对如何在现有设备上安装传感器以及如何打造下一代能传递更丰富的现场数据的机器，他们会提出建议；他们会设计能分析数据图谱的工业算法；他们最终会证实并接受算法在初始阶段推荐的方法。将人类的专业知识与人工智能相结合，这样形成的更强大的智能便是 ABB 提供服务时使用方法的基础。[10] 通过设计出以云为中心的、人工智能至上的服务，ABB 已经将人类专家现场交付的模式转化为结合人类专业知识的、人工智能驱动的流程，而且该流程能对不同场景下的问题进行分析，并提出解决问题的规则和启发式方法。

如果你在企业内提供服务时既利用人类的专业知识，也使用机器智能，而且将服务延伸到客户的运营中，那么你就应开展融合性服务。

第 6 章
交付卓越成果的竞赛

我们的服务知识库与众不同吗？

数字化的重大转变与大数据无关。它是指数据库从记录系统（生产的地点、方式和成本；产品及其销售对象、地点及价格）演变成数据图谱系统（工业机器提高不同客户的业务成效背后的模式）。很多 B2B 公司已建立起客户关系管理制度和经销商管理制度，也整合了客户数据库，以便更好地计算每个客户的盈利能力和客户不续签服务合同的可能性。通常，销售数据库与经销商和第三方提供的服务数据分开保存。

我们不妨看一下汽车保险公司的数据库。数据库包含的信息有被保险人的姓名、他们汽车的品牌及车型，以及相关的保险索赔。特斯拉的知识库中包含的数据描述了每个车主在使用 Autopilot 系统时的驾驶状况。正因如此，特斯拉在保证丰厚利润的前提下能提供最便宜的汽车保险。在模拟世界里，工业企业对他们生产和销售的东西进行非常细致的记录。但提供融合性服务的工业企业（例如约翰迪尔、卡特彼勒和 ABB）在汇总更多的记录，以了解它们的互联机器在不同地方的表现。在此过程中，它们开始认识到，为提供出色的服务而建立的知识库独立于客户数据库，而且应该比后者更全面。它们已经意识到，

第 2 部分
　　价值向量

必须建立服务知识库,以研究不同客户、场景和服务的模式。它们不仅能掌握客户需要服务的原因、时间和地点,还能提供基于规则的服务,以满足客户的所有需求。

这里的启示是:如果你已经突破了孤立的数据库体系,那就要发展融合性服务,打造一个持续助力企业和客户优化业务成果的服务知识库。

· · ·

工业企业从未接触过这种新型服务,自然会兴奋不已。现在,它们不仅有机会提供性能出众的机器,还有可能去影响客户成果。这并不是说它们在投入巨资去建造服务中心并配备员工,而是说它们要把数字孪生技术进一步延伸到客户的运营中。它们要分析合适的条件,找到机器之外的机会。这就需要它们评估一下,有多少价值可能会从产品迁移到服务中,并分析在这个全新的战场中取得胜利的有效途径。这就要求它们认识到,竞争正在从工业机器那些耳熟能详的制造商转向第三方服务供应商这种全新的竞争对手。

例如,约翰迪尔务必当心那些精通数字技术的新型服务提供商。像天宝、Farmers Edge 和 Granular 这样的

第 6 章
交付卓越成果的竞赛

新企业通过提供新型服务,力图在约翰迪尔与其客户之间找到立足之地,从而阻隔约翰迪尔与农民及其他客户建立起的长期稳固的关系。之所以会出现这种新的竞争威胁,那是因为这些公司会凭借数字工具,对约翰迪尔数十年来积累的知识进行逆向工程。在生成式人工智能对有关最佳实践的知识进行高水平编码的背景下,约翰迪尔应努力提出与众不同的服务价值主张。为此,约翰迪尔可使用一些数据,说明如何通过对其机器进行微调,从而使农场的生产力提高一美元(或者以欧元、日元、英镑或者人民币计)。只有使用了从数据图谱中获得的建议,才会创造新的价值,但要是企业看重的是成文的常识,那就无法拥有数据图谱。

要想在这场提供卓越服务成果的竞赛中取得胜利,工业巨头必须重新审视自己的服务价值主张,不能把目光停留在模拟时代的主张上,而要提出差异化的洞察,重构客户关系,监测不同类型的竞争对手,并在延长的生态系统内开展新的组织安排。如果这些前景仍不够吸引人,那么工业企业还可以考虑另一种策略——将机器与配套产品及设备整合成协调统一的系统。这样会把这场竞争激烈的战役转移到另一个战场上。我们将在下一章探讨这个问题。

第 7 章 智能系统的终极对决

作为全球最高的建筑物,迪拜的哈利法塔使用了通风、空调、照明、用水管理、停车、仓储、电梯、电信以及安全等众多系统。这些系统在后台无形地运行着,关系到能否给住户和参观者带来最难忘的体验。2010年,当它对外开放时,人们认为这是一座智能大厦,因为它的系统是互联、安全和节能的,能提高住户的生活质量。

霍尼韦尔为哈利法塔提供了很多系统。如果你问这家工业企业,它会告诉你,它聚焦于从实体结构转向"钢铁、玻璃和点击"系统,而在后一种系统中,借助数字技术,数据能穿越人类生活、工作、学习和娱乐时离不开的钢铁、混凝土、木材和玻璃。为了管理这种转型,

第 7 章
智能系统的终极对决

霍尼韦尔已将传感器、软件和连接功能安装在所有产品上,从供暖、制冷和通风产品,到电子开关、发动机和工业自动化控制系统。通过将这些新技术应用在世界各国的不同行业,霍尼韦尔能从它的所有机器里收集到各种各样的数据。

正因为能集成不同的 HVAC(供热、通风和空气调节)系统组件,霍尼韦尔才吸引了哈利法塔团队。该企业通过使用软件,可从 HVAC 系统的很多组件中收集并整理实时的现场数据,分析数据以发现异常情况,主动给出纠正措施建议。哈利法塔也使用霍尼韦尔提供的智能设备,以满足其在供暖和制冷方面不断调整的要求。通过获取实时数据,这座摩天大楼的团队能更早地发现问题、更快地做出反应并降低潜在的风险。霍尼韦尔的系统促使哈利法塔机械设备的总维修时间减少了 40%,同时可用性提高至 99.95%。[1]

霍尼韦尔为这座摩天大楼提供的并不是一个定制项目。这只是一场实验的开端——多家企业齐心协力,通过协议实现各自产品和服务的互联,进而借助无缝数据流,使这些产品及服务具有互操作性,释放出更大的价值。要想在模拟时代建立这样的系统是不可能的,因为产品

第 2 部分
　　价值向量

的开发和优化都是独立的。企业在设计时不会考虑产品之间如何协作。

建筑业长期以来一直按三个独立且依次进行的阶段运作，即设计、建造和运营。企业根据其专有规范、操作规程、协定和流程，控制着链条上的每个环节。每个企业都会优化自身的运营领域，但彼此间缺乏协调。在建筑竣工后，要想优化建筑物的资源利用、舒适度和无障碍环境，业主和运营方需要从各个渠道获取数据，而这项工作既烦琐，又低效。楼宇管理人员决定了要解决什么问题、何时解决以及安排谁去解决，但缺少实时的、端到端的可视性。他们并未对解决问题的过程做规范的记录，因此对后续人员而言也无借鉴意义。

建筑需要几十种独立的技术，这会增大复杂度，妨碍报告的生成，使远程楼宇管理无法实现。在处理管理运营问题时，各自为政的做法无法实现系统层面的优化，也无法在各种建筑物中积累经验。换句话说，数据网络效应尚未得到开发及利用。但期望在不断变化。以前，当环境温度或污染水平等参数超标时，建筑系统只需发出警报。现在，得益于数字功能，企业能全面了解建筑的运行状况。通过分析不同因素如何协同工作，这些企

第 7 章
智能系统的终极对决

业可以将不同部分整合起来,也清楚如何以最低的成本提高系统的性能。

在数字技术的推动下,出现了一种全新的优势:将设计、建造和运营这三个阶段连接在一起的数据及数据图谱。因此,建筑物中的融合性系统(通过数字互联可获取并分析实时数据)成为可能。实时地执行数据驱动的洞察,可以最大限度地确保建筑的健康性能,并且改善建筑的可持续性、运行效率和居住体验。混凝土、钢铁和玻璃是基础资产,而数据和人工智能才是起决定作用的新生力量。

麦肯锡的分析表明,建筑和施工行业正在努力应对数字化带来的挑战,这在很大程度上是因为必须作为系统协同运作的不同部分极度分散。[2] 很少有大型工业企业挺身而出、直面挑战。在大部分工业企业内,不同业务部门在交付产品时很少进行协调。霍尼韦尔也是如此,以往在开展各项业务时很少有部门间的协调。2018 年,霍尼韦尔意识到,将数字世界里的产品整合,它会有更大的收获。因此,霍尼韦尔成立了 Honeywell Connected Enterprise(霍尼韦尔企业智联集成软件平台),以研究系统的优势。霍尼韦尔未来在该领域的领先地位将取决于

第 2 部分
　　价值向量

能否使用数据图谱和人工智能在系统层面产生洞察，而不是依赖于其单个部分和子系统的运行方式。

系统范式的转变

如果在建筑物的设计中使用各种不同的传感器，例如监测视野、温度和移动的传感器，那么它们收集的数据就是多模态的，要比单个产品层面的数据更丰富。这一点在第 4 章介绍的策略框架中进行了说明（也可参照图 7-1 左上栏）。融合性系统并不是将一幢建筑中与独立产品相关的几十个数据点（例如能耗和安全）相连，而是对多个产品成千上万个数据点进行跟踪和分析。数千个传感器会持续提供各种信息，例如系统状况、建筑的总体状况以及与天气等外部因素的联系。接着，可利用带有性能数据仪表板的建筑数字孪生，以节约能源、确保最大程度的可靠性和安全性，拓展至全新的价值领域，例如提升建筑物内住户的舒适度。最终，建筑数字孪生成为单一数据源，一种有关建筑的可靠的、可访问的实时数据源。霍尼韦尔要想建构系统层面的数据图谱，就要对建筑物有统一的认识。

第 7 章
智能系统的终极对决

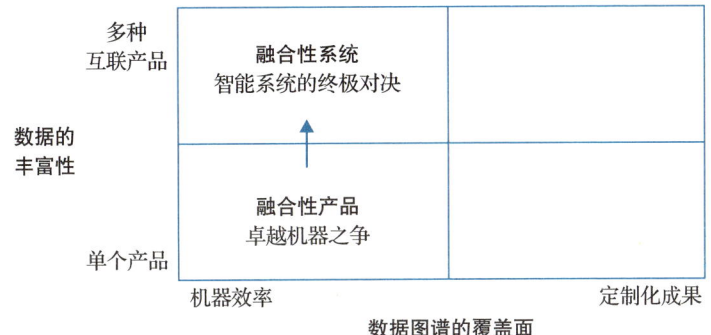

图 7-1 在智能系统的终极对决中执行融合性系统策略

霍尼韦尔等公司已着手开发人工智能应用程序。这些应用程序采用 5G 蜂窝技术和传感器，可以从一幢建筑的所有组件（包括大门、房间门、升降梯、手扶梯、照明和空调系统）中收集实时数据，并在对数据进行分析后，针对建筑的健康性能和住户的居住舒适度提出建议。霍尼韦尔使用其收集到的很多设施的数据，可以了解不同建筑的情况，并发挥数据网络效应的优势，在系统层面更广泛地探索商机。它的技术在 1 000 万幢建筑中得到应用，但并非所有的建筑都能向总部传回实时数据。在不太遥远的未来，从数百万幢建筑中获取的数据会被导入单一的数据图谱系统，这样可以最大限度地保证建筑的健康性能，提升建筑的运营效率和居住体验。从如此规模庞大的数据图谱中获取的洞察将揭示出一些给客

第 2 部分
价值向量

户带来附加值的新方法,让霍尼韦尔能有别于那些至今仍不了解融合性系统强大作用的企业。

生成式人工智能驱动的融合性系统不仅可运用于建筑业,还可运用于交通运输业、农业、矿业、医疗保健业、零售业、制造业、物流业、航空业以及使用多个公司设备的很多其他行业。例如,ABB 提供了集成系统并取名为"ABB Ability",以释放以往可能受困于业务孤岛而无法实现的潜藏的价值。

我们必须将融合性系统与模拟世界里的系统集成区分开来。在模拟世界里,集成商负责实现不同要素的互联并确保系统的运行。融合性系统的建设者要保证系统不仅在第一天能正常运行,而且随着新部件和新功能的增加,系统仍能持续正常运行。生成式人工智能至关重要,因为它通过分析不同的配置,能发现如何在更高层面确保系统的正常运行。建筑业在使用数字工具方面可谓历史悠久,例如建筑信息的建模、协调一致的全球供应链以及计算机辅助设计或计算机辅助制造。该行业深知数字孪生对于设计和制造的重要性。我们认为,融合性系统的成败取决于三方数字孪生技术在单个产品之外的应用范围。

融合性系统将带来附加值,这是因为要提高效率,

第 7 章
智能系统的终极对决

靠的不是一台机器,而是一起运行的设备组成的系统。系统里最薄弱的环节会造成系统中断,因此霍尼韦尔可扩大其数据图谱的范围,以预测子系统可能出现的故障。然而,这些子系统可能由很多供应商提供的机器组成。

很多人认为,产品向系统的转变不过是一次技术革新。可事实上,这是一种数据图谱和算法驱动的战略转型。霍尼韦尔的前任首席技术官提出了一个有趣的问题,"如果你为一个炼油厂建立了一个知识图谱,你可以问它,'上次事故或气体泄漏发生在什么时间?具体发生了什么?采取了什么措施',这是一种可用于运营活动中的强大工具。今天,要做到这一点并非易事。它需要数字数据,并将多源数据整合到一个图谱中。"这段话很好地说明了上述转型的本质。他接着阐述:"谷歌绘制了搜索图谱,脸谱绘制了社交图谱。我们霍尼韦尔想要绘制的是工业建筑系统的知识图谱。"[3] 目前,该企业内专注于工业软件和人工智能的平台 Honeywell Connected Enterprise 正在做这项工作。该部门的员工达 3 600 名,其中有 1 800 多名软件工程师,还包括大约 150 名数据科学家。随着微软、谷歌等企业推出能为生成式人工智能注入多数据类型摄取功能的工具,霍尼韦尔构建系统级数据图谱的

第 2 部分
　价值向量

愿景正成为现实。对采用融合性系统的公司来说，它们面临的主要挑战就是要规避很多公司曾落入的陷阱——将大数据等同于数据网络效应。[4]

向融合性系统的转变也是从微观层面（独立企业的单个产品）的数字化向宏观层面（多个行业内不同企业的多个互联产品）的数字化的转变。那些精明的策略分析师很快会发现，竞争的核心也在发生变化，从独立的融合性产品转向独立的融合性系统（参照图 7-1 的竖轴）。这些系统提高了价值。组织理论家罗素·艾可夫曾指出："系统不是各部分的总和，而是它们相互作用的产物。"[5]我们要补充说明的是，丰富的系统级数据图谱揭示了各部分间的关系，而通过这些数据图谱提供的强大的人工智能算法，可获取这种价值。

我们以霍尼韦尔为例，就是要强调所有执行融合性系统的实业家应考虑的一些重要方面：设计出由相关产品组成的系统，而且能对各种不同的客户环境下这些产品的性能进行实时追踪，产生重要的数据网络效应；将多种数据类型（文本、数字、音频和视频）进行整合，以便在系统层面使用高级人工智能算法进行分析；通过运用这些算法，远程且高效地为客户提供定制化价值；通过对系统更深刻的洞察,提出未来的价值主张,进而释放潜在的价值。我们不妨了解一下具体的做法。

构建融合性系统的路径

我们发现,工业企业要想成为融合性系统方面的先行者,应该采取四个步骤。这与我们在前面几章针对其他领域提出的建议是一样的。第一步是建构全新的系统,将数据钩子融入构成系统的不同产品。第二步是彻底整合公司的运营,确保提供关键产品和组件的所有合作伙伴无缝整合,而这些产品和组件正是系统差异化的关键所在。第三步是加快路线图的实施,确保系统不断得到更新,从而减少单个产品在脱离整体系统逻辑时出现低效运行问题。第四步是以一种公平公正的方式实现系统的货币化,为所有的贡献者释放新的价值。如前几章所述,这四个步骤在反馈中不断循环。

建构

要想在行业内占据领先优势,每个公司都必须构想

第 2 部分
价值向量

融合性系统的高层架构,同时要确定希望参与哪些领域。在工业部门各细分领域和不同领域之间,整合度与互操作性不断深化已是大势所趋。最终的结果是,通过数字化,竞争将从单个产品转变成相互依存的系统。因此,工业企业必须预测并理解它们可能会遇到的系统的类型和数量。

工业企业会向我们提出这样一个逻辑性问题:我们制造的是能独立运行的产品,为什么要在乎融合性系统呢?理由简单但重要:新兴的融合性系统改变了竞争形式。如今不再是产品之间的竞争,就像在卓越机器之争中一样。客户更有可能改变自己的决策过程,将自己的偏好从具有独特性能的产品,转向可与其他产品相互协作并实现整合的产品,从而打造有效的系统。与那些因具备与其他产品的兼容性而更具吸引力的产品相比,那些生产性能卓越的独立产品的制造商可能会处于劣势。

系统可以两种方式完成建构,因此企业应兼顾这两方面。一种方式是由内而外。老牌工业企业首先要搞清楚的是,它们的产品和服务能在何种情况下、以何种方式整合到不同的融合性系统中。会有何种形式的互联和潜在扩展?怎样才能让数据流实现无缝衔接?在这种系统内，最好的合作伙伴会是谁？通过理清产品之间如何建立关系并实现互联，老牌工业企业便可找到实施融合性系统策略的最佳路径。

例如，View 公司生产的是智能玻璃。这种智能玻璃的色调可通过软件和人工智能进行调控，以适应天气或室内温度的变化。那么该公司应如何构建一种融合性系统，使其玻璃面板以及它们采集的数据成为定义价值的核心部分？View 公司可以将自己定位为建筑设计阶段促进能效提升的关键因素，而不是施工阶段被选定的产品供应商吗？它可以利用自己的融合性产品和云原生平台，打造出一种能提升住户体验、提高员工生产力并减少建筑碳足迹的融合性系统吗？（同理，约翰迪尔能否突破仅重视自身的机器和设备这一思维定势，建立一种包含不同子系统的农场融合性架构？毕竟，只有在其他部分实现充分的互操作，减少效率低下的问题后，有关精准农业的前沿愿景才会成为现实。）

建构系统的另一种方式是从预期的成果入手，进行逆向操作。这就是所谓的由外而内的未来倒推法。老牌企业不应固守现有的产品，而应关注那些能将它们的产品与更大的系统实现互联的外部趋势。哪些全新的数字

第 2 部分
　　价值向量

技术能使系统变得更灵活、更节约成本？例如，只有司机和乘客能在带有 5G 蜂窝功能的智能手机上查看高清地图时，优步和来福车（Lyft）才能构建出行系统。这推动了一次转变，交通行业从分散经营转变为全球性系统——该系统的参与者正在掌握出行数据图谱并使用算法。如果把目光投向更远的未来，在接下来的 10 年里，自动驾驶出租车会重新定义个人出行和物流系统吗？要想避免今天对系统的不同部分进行整合时遇到的复杂问题，我们必须建立哪些配套组件，以确保系统的正常运行？

老牌企业必须跟踪各项试验，以明确系统层面的优化何时可能对客户有利。2020 年，霍尼韦尔开展了一项试点项目，以证明其人工智能驱动的能源优化系统的有效性。通过收集各种不同的 HVAC 运行组件的数据，系统可将能耗降低至少 10%。通过开展这些试验并利用人工智能模型来调整自身的产品，霍尼韦尔发现有其他方式来建构建筑物中的融合性系统。强大的人工智能有望以更高效的方式，发现其他有针对性的系统设计方法。

整合

为了用好融合性系统提供的创造价值的机会，工业

第 7 章
智能系统的终极对决

企业必须专注于整合不同的部分，以便数据能在这些部分间无缝地流动，而且基于数据的洞察能指导企业的行动。企业负责人必须解决好三大问题，因为解决了这些问题，便有望共同实现融合性系统的潜在价值。

第一，企业应在关键学科的交叉领域发挥全新的洞察作用。当务之急是实现不同工程学科（土木、结构、机械、电气、管道及能源）数据本体、假设、规则和术语的互联，这样才能保证系统的高效运行。要想使融合性系统运转正常，企业负责人必须将各个不同领域的团队进行组合，以发现传统的学科如何与新兴的数字技术（例如传感器、物联网功能、软件、连接、数据分析和人工智能）进行互联。这正是老牌企业在跨学科思维的前沿领域获得全新洞察的方式。

第二，老牌企业必须确保其所有职能部门和业务部门重视融合性系统。尽管基于系统的思维看上去颇有吸引力，但是这种思维尚未产生实际的效果。究其原因，企业建立了具有不同职责和绩效考核指标的、各自为政的职能部门。在实施融合性系统策略时，这是不够的。在机械产品与数字技术协同发现可主动解决的问题时，企业就必须应对随之而来的流程、角色和职责的变化。

第 2 部分
价值向量

当公司不仅为了分析问题,而且为了采取行动而整合职能部门时,公司就会获取价值。融合性系统需要不同职能部门与业务单元之间密切协调,还要进行权衡。例如,随着针对系统级数字孪生进行重大投资,以及减少现场工作人员的数量,权力就会从销售部门转向数据分析部门。只有部分企业有能力处理好部门间的紧张关系。在实施融合性系统策略时,整合智能部门、开展跨部门的招聘以及打造不同的文化,这些都至关重要。

第三,CEO 必须把目光投向公司之外的供应商和合作伙伴。要是只盯着融合性系统在公司内发挥的作用,那么 CEO 就无法确定该系统的范围。那些确保融合性系统发挥强大作用的数据流超出了公司范围,因此进行权衡时,他们不能仅考虑公司内部的职能部门,还要考虑在上述系统的建构和运行中实现互联的所有组织。

系统级三方数字孪生涉及不同的公司,但必须对这些公司的战略重心和时间表进行调整,这样才能确保系统的正常运行。融合性系统的实力强弱完全取决于它最薄弱的环节,因此高管们可能更愿意控制企业内的活动。在一个互联的世界里,一个公司不可能控制每项行动,而必须依靠中介机构和市场机制。

第 7 章
智能系统的终极对决

这样做可能会有风险。每个企业都要当心某个系统的构成要素的交汇处出现故障点。例如,造成1986年"挑战者"号航天飞机爆炸事故的失效的O型密封圈,或者2011年英国石油公司"深水地平线"钻井平台因井底水泥遭侵蚀而引发的漏油事故。即便在2008年金融危机期间,美国国际集团和雷曼兄弟这类金融机构承担的风险看似可控,但仍无法遏制系统性风险。相比管控涉及外部合作伙伴的系统性风险,管控单个产品的风险要容易些。对融合性系统的领军企业而言,它们面临的新要求就是勇敢地迎接挑战,在数据日益相连的世界里去管控涉及人员、实体和机构的系统固有的风险。

加速

为了加快建立融合性系统,策略分析师希望在生态系统的形成、发展和加速过程中,了解他们的公司在生态系统内应发挥的作用。随着数字域和物理域不断地发展变化,产生新的能力,商业生态系统已变得更加重要。我们认为,商业生态系统是指由组织构成的相互关联的网络,包括供应商、分销商、客户和竞争对手。它们相互影响、相互协作,共同决定着创造价值和交付价值的

第 2 部分
　价值向量

新方式。有效的商业生态系统强调的是通过共享互补性资源和能力而建立的共生关系，这样产生的价值可能是靠独立运作无法获得的。

融合性系统的领军企业会发现，它们有可能释放新价值并扮演"协调者"的角色。这里的"协调者"是指在战略层面协调相互依存的组件和子系统的实体，而这些组件和子系统由独立的实体提供，从而确保整个系统无缝、高效地运行并创造新的价值。[6]这样的企业可能是农业领域的工业巨头，如约翰迪尔和拜耳，建筑领域的霍尼韦尔和西门子，或者是能源领域的西门子和斯伦贝谢。它们还可能是数字公司，发现新科技有能力从模拟时代的领军企业中夺取价值。

那些刚成为"协调者"的企业清楚影响融合性系统的因素，也清楚如何对战略进行调整。工业系统内的"协调者"必须编写独特的剧本去管理生态系统，在选择关键的合作伙伴并采取合理的激励措施时，要执行正式的标准。如果缺乏"互补者"的支持（这些"互补者"能帮助不同独立实体提供的组件无缝高效地运行），"协调者"可能难以说服客户、供应商、股东和雇员等关键利益相关方，他们在实现数字工业生态系统的愿景过程

第 7 章
智能系统的终极对决

中可以充分发挥潜力。

在"协调者"开发的架构中,架构软件可以将不同的机器整合成一个拥有无缝数据流的系统。只有在系统基础设施建成后,开发者才能编写软件并为新应用创建代码。在设计如何跟踪和收集动态数据时,这些应用是必不可少的。只有依托稳健的云计算基础设施,这种数据才能转化成系统数据图片;只有借助人工智能,才能对这些数据图谱进行分析,得出权威的算法。

例如,梅赛德斯-奔驰和大众可以主导汽车软件的整合,并邀请其他汽车制造商加入其软件生态系统。奔驰和大众也可能会加入其他车企主导的电动汽车充电生态系统。每个车企必须做出选择:是设计不同的栈,还是参与其中。这一点不仅限于汽车行业,也适用于每个可以实现数字化的工业产品,例如卡车、拖拉机、火车、建筑物等。更重要的是,这种选择并不是一成不变的。随着技术不断发展,竞争日益激烈,融合性系统的形式将发生变化。

系统级网络效应推动了融合性系统的发展。随着周边领域逐步完善,这种网络效应会加速形成,从而提升

第 2 部分
价值向量

整个系统的价值。它们能有效地释放系统内其他要素产生的综合价值。只有在网络浏览器、电子邮件等杀手级应用问世后,互联网的价值才显现出来。在电信运营商推出 4G 和 5G 网络后,智能手机才迎来了爆发期。随着云计算的基础设施变得更加强大,视频流的速度越来越快,使用越来越便利。随着大语言模型不断成熟,规模不断扩大,生成式人工智能成为未来十年更主流的一项技术。我们将会看到面向不同垂直行业的特定领域模型,更多的投资将实现这些模型的互联,从而释放价值。[7]

融合性系统本身是动态的。三方数字孪生以全新的方式将曾经独立的部分连接起来。在此过程中,人们能全面、充分地了解系统的内在运行机制。当新技术的发展初具规模时,这些系统必然会随之发展起来。人工智能模型提供了全新的方式,让人们借助算法来理解相互依存的复杂关系。这些算法不仅开发成本较低,而且便于大部分公司使用。

随着可持续、可再生农业的发展势头日益强劲,工业农用机械和设备必须无缝整合到种植周期的各个阶段。这需要在播种和施肥时格外慎重,要适应不同的生态条件,实现最佳产量和可持续性。[8]要在全球范围内以不同

第 7 章
智能系统的终极对决

的速度大规模地设计、开发和应用这种系统。第 5 章中描述的"时钟速度"的三个要素,即设计速度、开发速度和应用速度,都与系统有关,不过它们现在需要不同公司之间协同运作。

因此,一个公司可能会成为农业领域融合性系统设计阶段的"协调者"。同时,其他企业可能会主导这类系统的发展及应用。还有的企业可能会参与设计,同时想要主导开发或应用。某些根本性的因素不仅能改变你对系统的整体作用和形式的认识,而且能改变技术以何种方式助力系统不同部分的组合,产生并获取经济价值。我们要了解这些因素,还要了解不同企业发挥的作用。如果对融合性系统的认知是静态的、狭隘的,那样就无法取得积极的结果。

盈利

随着模拟技术和数字技术在不同企业间实现了互联,融合性系统创造出了更多的价值。系统的"协调者"必须在系统的参与方之间重新配置上述价值。例如,自 2007 年推出 iPhone 以来,苹果公司通过将硬件、软件和

第 2 部分
价值向量

服务整合到统一的战略中，目前已在智能手机系统中占据了可观的份额。谷歌使用其安卓系统，在广告和服务中创造价值，让三星等硬件制造商从设备中获取价值。

在工业环境中，融合性系统如何带来附加值呢？我们不妨以建筑为例来说明这个问题。一幢高性能建筑的设计应最大化利用自然采光；工程设计要将电气照明系统与 HVAC 系统进行整合，确保不同建筑内不同区域达到预设照明水平；运营设计则要根据建筑的入住情况对照明进行微调。以往的做法是，对每个子系统都进行独立设计，以便在模拟世界中实现其聚焦的目标。系统级设计会释放那些潜藏在独立的不同部分内的价值。在混合办公大行其道的后疫情时代，写字楼一直有空置待租的办公室。在这种情况下，系统层面的可视性可以使用入住数据来调整电子照明系统和 HVAC 系统，达到最大限度降低运营成本和减排的目的。

如上例所述，系统重新定义了利润。建构起系统的人有责任将价值公平地分配给关键的参与者，包括股东和雇员。价值的创造出现在创新阶段，而价值的获取发生在实施阶段。

在创新阶段，企业界定了全新的融合性系统的特征，

第 7 章
智能系统的终极对决

试验了全新的能力，确定了关键参与者（通常来自不同行业）之间的参与协议。此外，融合性系统的开发方式能激励系统内其他公司与系统创造者一起开展创新。实现不同实体和不同时期的系统级协调可能有一定难度。大家都知道，向未知的、未经验证的产品进行投资，这本身就充满风险。在单一产品层面进行协调就有难度，在系统层面进行协调就更困难了。因此，降低这种风险成为催生价值的最大助力。

价值只有在带有互补性创新的系统内才能产生。如前所述，该系统事实上产生了系统级网络效应。无论是哪一代智能手机，它们都离不开电信网络。电信网络由爱立信、诺基亚和华为这类设备制造商负责设计，并由美国电话电报、威瑞森通信、信实和沃达丰这类电信服务提供商负责运营。同样，融合性系统内的每个要素都需要其他企业发出的明确信号，表明它们愿意从销售产品转向提供融合性系统。市场领导者必须进行评估，以权衡风险和收益，以及通过与其他企业合作来降低项目风险。这就像霍尼韦尔最近与微软和 SAP（思爱普）开展的合作一样。[9]

企业必须利用专利来保护创新成果。当系统到达一

第 2 部分
　　价值向量

种稳定状态时,并不是每个参与者都可能取得成功,但它们可以通过对专利授权,为自己以前的投资获取一些收益。相反,一些创新者可能会像特斯拉那样,开放专利的源代码,通过为其他参与者消除融合性系统的风险,推动这种系统的发展。[10]高通和爱立信一直通过专利许可合同来实现知识产权的价值变现。其他企业可能愿意通过同样的方式,确保为它们的专利获取应得的一份价值。然而,如果是生成式人工智能相关的知识产权,那我们确实面对的是一个未知领域。[11]

虽然技术进步会对工业企业如何创造价值这一问题提出新的看法,可只有这些看法被大规模付诸实践,这些技术进步才能落到实处。这就是实施阶段。在这个阶段,参与者可按比例分享成果。等到这个时候,便能更好地确定各方的角色和职责,消除各种不确定因素。老牌企业可能会绘制出利润池,理解融合性系统各参与方创造价值的来源。随着数字技术不断成熟、商业实践逐渐变化,创新将改变利润池的分布。如此循环往复。

融合性系统的"赢家"将通过系统整合费以及连接额外设备的年费,将创造的价值变现。它们还可以采用软件即服务,通过一次性许可费、月度订阅费以及随用随付模式,将融合性系统软件出售给行业内的客户和非客户,以获取更多的收益。

为建立智能系统的决战做好准备

融合性产品和服务存在于各个行业,但融合性系统则是新兴事物。这类系统的作用和优势正变得越来越清晰,但它们的形式和结构仍处在发育期。几乎可以肯定的是,随着时间的推移,竞争将会转向融合性系统这个层面。目前有三大因素在推动这一转型。

数据希望实现互联

企业一直在稳定、系统、持续地努力实现跨域数据的互联和整合。谷歌已启动一项倡议,构建一个系统级的知识图谱,将气候、健康、食品、农作物、碳排放等方面大约100个新的数据要素来源连接起来。该知识图谱包含30亿个时间序列数据,涉及10万个变量和大约290万个经地理编码定位点。[12] 企业一直在努力打造更多

第 2 部分
　　价值向量

的数据共享中心，以便不同的实体能利用数据网络效应。[13] 预计我们未来会看到更多这样的倡议，以实现各领域数据的整合及互联，加快启动系统级的查询。

正如消费者数据完成了编码和互联一样，工业数据未来经过数字化后，将构建起丰富的工业设备数据图谱，从建筑物到农场，再到供应链，最后到城市等。目前，大部分工业企业的产品仅以临时拼装方式集成，虽然运行效率达到了最高水平。系统数据图谱将释放工业企业潜藏于产品交互间的额外效能空间。试想一下，根据融合性系统中其他环节的警示信号，系统数据图谱会提醒你提防钻井平台最早出现的故障征兆。这将大幅减少重大事故的发生。

数字孪生将无处不在

我们对融合性系统持乐观态度的另一个原因是，使用人工智能技术的系统级三方数字孪生整合了现实可视化、基于物理的建模以及数据驱动的分析。目前，我们有可能为所有的虚拟数据集开发出单一的数据源。从数字表示法来看，该数据源在物理上是准确的，也符合物理定律。为了获取实时数据，当三方数字孪生在三个层面实现了准确定时和完全同步，生成式人工智能就成了产生洞察的有效途径。曾经，数字孪生并不可行，因为在边缘地带缺少足够强大的硬件，在云端缺乏足够强大的算力。虽然企业明白它们需要将构成系统的不同产品连接起来，可真要这样做时，它们发现需要大笔资金。当然，像美国的太空计划这样的大项目是个例外。因此，企业仅对单个产品和服务进行了优化。预计与生成式人工智能实现互联的物联网将获得各种投资。未来十年，数字孪生将变得无处不在。这有望为供需链上数字孪生的纵向互联创造条件，也将为数字孪生与矿业和炼油这类行业的相关应用实现横向互联扫清障碍。

数字孪生的应用范围不断扩大，而且具有了多模态特点。在实现了物理世界与数字世界互联的系统中，它们能把从传感器上获取的数据加以整合，取得前所未有的成果。造成很多问题的诱因存在于产品与科学学科的交汇地带，因此解决这些问题的机制离不开不同域间的协调与整合。系统级的数字孪生是对相互独立的数据集进行整合的有效方式，有利于实现互联互通的可视化，并尝试对未来情景的模拟进行迭代。很多工业企业都致

第 2 部分
　　价值向量

力于开展这种创新。像 ABB、Arup、日立、霍尼韦尔、IBM、英伟达、PTC、斯伦贝谢及西门子这类老牌工业企业正在构建多学科的数字孪生，帮助客户利用这种重要的技术功能。

元宇宙可能会成为黑马

融合性系统变得更强大，这是因为可能出现的工业元宇宙会进一步增强模拟和试验，而且人工智能驱动的分析会及时干预。最新的前沿领域可能会出现在系统级的工业领域。工业元宇宙、数字孪生的设计及应用，还有生成式人工智能算法，都将生成更丰富的数据图谱。这种数据图谱有助于企业理解系统在不同条件和背景下的运行方式。

即使没有强大的元宇宙，数据图谱也已经在音乐、电影和购物等场景中得到了应用。然而，工业仍是元宇宙应用的首选领域。例如，对喷气式飞机的机翼进行流体动力学模拟，需要高达 150 太字节的数据来模拟现实世界中一秒钟的场景。借助亚马逊和英伟达这类企业的技术，可以在工业元宇宙中进行有效的模拟。

工业元宇宙基于计算机辅助设计（CAD）和计算机辅助制造（CAM）这类基础工具及模型。这些工具和模型有利于设计并创造数字领域中的事物，然后交由企业生产。从概念上讲，元宇宙也不例外。它其实就是用数字形式来表示物理世界。

一个企业不仅代表计算机辅助设计/计算机辅助制造系统上的单个对象，而且表示一个完整的数字宇宙，包括延伸的供应链、机器在全球不同地点的应用以及与生态系统内互补性设备的互联等因素。数字化领域在设计到制造阶段的应用转向工厂之外，在现场实时提升性能。即便不久前，工业企业也会犹豫是否要对这些创新的设计和开发进行必要的投资，现在的情况不同了，这是因为数字技术的性价比越来越高，上述投资越来越可行。

一旦创建，工业元宇宙就能收集有关产品如何与人类、设备和系统进行互动的数据，进而发现那些极其复杂且动态的行为模式。以前，大部分工业企业的知识范围仅限于它们设计和生产的东西。但得益于元宇宙，这种情况将不复存在。

第 2 部分
价值向量

. . .

老牌企业面临的挑战是,它们要保证自己的机器能与客户供应链和制造工艺的其他部分实现无缝对接,但前提是它们互联程度更高。要做到这一点并非易事。一方面,系统的构建非常重要。那样会划出系统运行时必须遵循的边界。然而,严格的划界就会限制老牌企业的发展,这主要是因为在行业的交叉领域才会出现对系统的需求。

另一方面,不同行业内众多参与者的行动会影响每个系统。因此,除了他们熟知的竞争对手,CEO 最好想一想其他因素。而且,企业必须在考虑系统级网络效应后制定自己的策略。这是说,他们要对技术发展的轨迹进行预测,并决定何时从技术商品化的细分市场转向利用新兴技术的细分市场。

大部分工业企业运用高度集中的策略,力争成为行业领导者。目前,它们更熟悉的是模拟技术,因此在设计融合性系统时,它们可能需要帮助,才能实现数字层面不同机器的协同运行。它们必须生成系统级的数据网络效应,这样才能通过融合性系统创造价值。因此,它们必须着手共同开发策略,做出正确的技术选择、选出合适的合作伙伴并采用合理的协作模式。

在工业模拟世界,生态系统战略一直以结构(治理规则、角色以及参与者的职责)与工艺(系统未来的设计、运行和调整方式)为基础。在融合性系统内,一个新的维度是专注于生态系统内不同参与者之间的数据流,以及它们与其他生态系统的互联方式。关键问题不只是哪两个企业会实现互联,还涉及数据从一个企业向另一个企业流动的模式,以达到优化系统的目的。这是那些率先应用融合性系统的企业必须面对的领导力挑战。

我们简要说明了三种不同的融合策略。首先是工业企业生产融合性产品,接着延伸到融合性服务,最后就是融合性系统。在一个工业企业进行由内而外的拓展的过程中,这些都是合理的发展过程。在很多情况下,这三个策略可能恰好能满足客户的需求。然而,工业企业有时最好能设身处地为客户着想,还要了解客户希望它们提供怎样的解决方案。这就是我们接下来要讨论的最后一种融合策略。

第 8 章　定制化解决方案之争

融合性产品通过延长公司机器的运行时间来创造价值。融合性服务创造价值的方式是将服务与产品进行捆绑，以提高客户的生产力。融合性系统要创造价值，企业不仅要确保自身机器的运行时间，还要确保客户使用的所有设备的运行时间。

然而，融合性解决方案就是要彻底解决每个企业客户的独特问题。其他三个策略都是从制造商的机器入手，但融合性解决方案首先要确定客户的问题，然后去解决这些问题。每种策略都会产生更多的商业价值，而融合性解决方案创造的价值最大。我们的架构是动态的，因为所有的工业企业必须从融合性产品入手，但随着时间的推移，这些企业应该转向并实施这四个策略。

第 8 章
定制化解决方案之争

即使融入了人工智能，产品、服务和系统也无法完全解决客户的问题。我们简单回顾一下前几章提到的三个案例行业——出行、农业和建筑，借此来分析这三个策略。

融合性产品只是解决方案的一部分

汽车是出行的基本要素，但只有将其他几个要素加以整合，才能满足不同人在不同时间和地点的出行需求。

如果你去问特斯拉这家典型的融合性产品公司，它能提供什么出行解决方案，那么它会告诉你，它的解决方案包括通过无人驾驶共享乘车网络来确保汽车的使用安全，并在必要时引导客户选择公共交通。特斯拉雄心勃勃的解决方案还包括通过打造全球快充网络来降低能耗，并通过按固定价格订阅的形式来提供家庭充电服务（在美国得克萨斯州进行了试点）。对特斯拉而言，出行解决方案最初仅限于汽车，但后来拓展至能源和可持续发展领域。

第 2 部分
价值向量

融合性服务也只是解决方案的一部分

在深入了解客户的问题后,我们发现工业企业通过自身机器提供的服务与客户需要的解决方案之间存在差距。服务和解决方案都要深度融入客户的运营。尽管如此,两者的范围却有所不同。在服务中,范围仅限于机器在提升客户绩效方面发挥的作用。在解决方案中,如果从客户的角度来看,界定问题的范围会更大一些。相比之下,服务的视角会窄一些,仅限于工业企业提供的机器,例如约翰迪尔的 See & Spray 和 ExactShot。对农民来说,农用设备(包括贬值和维修)在总投入成本中的占比不足 10%。[1] 约翰迪尔要想进军融合性解决方案的前沿领域,成为精准农业的领导者,就要针对占农民总投入成本 90% 的劳动力、饲料、燃料及牲畜等主要环节努力提高生产效率。

在提供这种解决方案时,企业未必要收购实物资产,就像工业时代的大部分公司搞垂直整合那样。如今,机器制造商必须采用一种生态系统的方法,确定软件架构,并与种子、化肥、化学、气象和农业保险公司实现互联。在融合性服务向融合性解决方案转变的过程中,竞争格局发生了变化。在制订解决方案时,约翰迪尔必然会面

第 8 章
定制化解决方案之争

对来自不同行业对手的竞争，例如凯斯纽荷兰和爱科等设备制造商，天宝及雷文工业等部件制造商，拜耳、杜邦、陶氏、巴斯夫和先正达等化肥及种子公司，气候公司等软件公司，IBM 和 Alphabet 等数字巨头。

融合性系统也只是解决方案的一部分

商业楼宇很复杂，包括自动系统、软件和控制设施、建筑和维修服务、取暖和制冷、安全及防火服务。它们由很多企业负责设计、建造、交付以及维护，但在使用过程中缺乏统一的架构将这些方面进行互联。在大楼内，不同的子系统会与人互动，例如取暖和制冷系统会提高人们的舒适度，感应器会跟踪是否有人在利用某个空间等。

霍尼韦尔和西门子不应仅把机器和系统放在核心位置，而应该了解人们如何使用建筑物，然后提供全方位的解决方案，以保证住户拥有最舒适的居住体验。要做到这一点，它们就不仅要考虑取暖和制冷系统，还要考虑人流、安全、升降梯和手扶梯的运行以及天气等因素。要是在过去，这种全面的方法不仅太过复杂，而且投资过大，可如今，三方数字孪生使这种方法变得可行。

第 2 部分
　　价值向量

解决方案范式的转变

在第 4 章描述的策略图中，工业企业从融合性产品入手，然后沿着双轴移动，这样做无可厚非。可要是它们沿着横轴前移，那么它们就会更深入地整合到客户的运营中，从而实现从融合性产品向融合性服务（第 6 章）的转变。如果它们沿着纵轴上移，那么它们就会与其他产品及周边产品实现互联，从而形成融合性系统（第 7 章）。每家工业企业都应尝试以这两种合理方式去延伸策略，要么依次进行，要么同步进行。最后，企业应思考是否要制定融合性解决方案策略（见图 8-1 右上象限）。

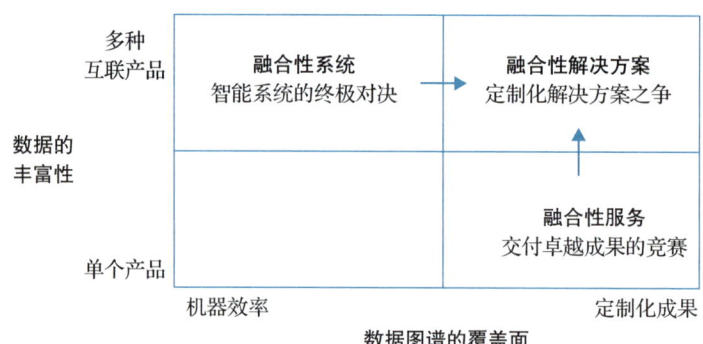

图 8-1　定制化解决方案之争下的融合性解决方案策略

特斯拉或优步要想提供最高效的交通解决方案，就必须了解每个人的出行需求，并将各种交通模式进行整

第 8 章
定制化解决方案之争

合，以低廉的价格及时满足人们的出行需求。因此，一个提供解决方案的公司应该是主动型的，而不应该是被动型的。它有权获取并利用相关的特许数据，以便预测何时必须解决什么问题，并将必要的部分进行组合来解决这些问题。出租车或豪华轿车公司可能会被轻松取代。然而，像特斯拉或优步这类未来的解决方案提供方，只要凭借优先获取数据的权利，就能更好地融入客户的运营，这样就不那么容易被取代了。这两个公司都在不断完善自己的数据图谱，而出租车或豪华轿车公司的各种交易数据却深陷数据孤岛。

约翰迪尔可对其拖拉机的运行进行调整以及个性化设计，确保每个农场都实现最大的生产效率。然而，约翰迪尔的数据图谱是否包含丰富的数据，这取决于使用公司的机器、设备和周边产品后能获得的成果。假设约翰迪尔能扩大其与互补性机器和设备以及种子和化肥公司的合作关系，那约翰迪尔的数据图谱就会拥有更丰富的数据，从而使约翰迪尔成为其客户信赖的解决方案提供方。农民面临的商业问题是独特的，因此要解决这些问题，需要多个工业企业的机器共同参与。如果约翰迪尔将来成为一家提供解决方案的公司，它就更清楚如何

第 2 部分　价值向量

界定并解决问题。相比农民自己能找到的解决方案，约翰迪尔的指数图谱将会变得更加丰富并可提供更定制化（以及更实用）的解决方案。

霍尼韦尔首次尝试从系统转向解决方案时，需要多个强大、积极的合作伙伴，以便充分了解建筑的整个生命周期。融合性解决方案策略不可能由一家公司建构。合作伙伴可帮助一家解决方案型公司整合多个产品和服务，以满足客户的具体要求。有时，这可能需要解决方案型公司提供最能满足客户需求的解决方案，而公司要放弃使用自己的产品或服务，转而选择合作伙伴的产品或服务。因此，在制订并提供融合性解决方案之前，关键是要统筹设计一种生态系统。

生成式人工智能如何协助建构最佳解决方案？它通过利用在不同场景下掌握的知识，可对问题进行不同解读并提出不同的建议。生成式人工智能可以发现问题，并且生成一些人类经常忽视的选项。但是，人类必须一步一步地解读生成式人工智能的成果，对其进行适当的调整，并做出最终决定。

如果一家工业企业具有以下一个或多个特征，那么该企业必须考虑解决方案部分（见图 8-1 右上象限）。

第 8 章
定制化解决方案之争

- 它已经开始使用具体的技术栈,包括可编程的硬件、软件、应用以及可传输实时数据的互联能力,以打造数字化产品。这样可确保融合性产品成为解决方案的一部分。
- 它基于自己在主动提供数据驱动的服务中积累的经验,已经将工业产品延伸到客户的运营中。这段经历可在完善后成为解决方案的一部分。
- 它已经证明自己有能力通过端到端的数据跟踪与分析,将产品整合到系统中。这段使用系统的经历可扩展到可能的解决方案中。
- 它已经成功地建立并应用了三方数字孪生,在现场数据被再次用于公司运营并在整个供应链上延伸,进行实时跟踪。
- 它已经成功地吸引了那些掌握工业算法的数据科学家,而这些专家率先建立了融合性解决方案的架构。
- 它拥有跨行业的专业知识,清楚在不同地点运行的多台工业机器如何生成领先的产品使用数据图谱。
- 它已经开始试点针对具体域的人工智能基础模型,旨在对工业知识库进行梳理、提炼,以获得洞察。这些洞察将成为应用程序算法的输入数据。

第 2 部分
  价值向量

  如果工业企业正在考虑提出融合性解决方案，那么它应该完成几项任务：深入整合到客户的运营中，以产生数据网络效应并建构解决方案的数据图谱；利用这些数据图谱，在使用算法的情况下开展四部分分析；利用这些算法向客户提出定制化的建议；通过在不同场景下的学习，不断重新界定需要解决的核心问题。我们来看一下如何实现它。

提供融合性解决方案的路径

  工业企业应制订一项合理的计划，通过四个依次出现的步骤，评估和执行融合性解决方案。这里谈到的步骤类似于前面几章提到的步骤。第一步是建构当下最佳的方式，以解决重要的商业问题。第二步是整合不同公司的流程，以提供有效的解决方案。第三步是大范围地快速建构可交付的解决方案，以解决不同的商业问题。最后一步是建立方法，通过在不同公司间创造、获取和分配价值，从解决方案中获利。在解决问题和提供解决方案的过程中，这些公司会贡献独特的技能和知识。显然，这将在反馈中不断循环。

第 8 章
定制化解决方案之争

建构

你想要解决什么问题？公司要想确保自己在解决相关问题，就要事先提出三个关键问题。它们应确定问题影响了多少客户。影响到的客户越多，问题越有解决的价值。答案应该是肯定的。它们还应评估一下，在解决问题时是否需要数据图谱和人工智能，毕竟无需数据图谱和人工智能的解决方案可能不会产生附加值。

在建构解决方案时，关键是要发现并确定问题。否则，公司就会浪费资源、错失良机以及开展不相关的项目。例如，如果汽车公司认为解决出行问题的关键在于停止使用化石燃料，它们就会重点研发电动和氢能融合汽车。如果关键问题是汽车运行不稳定以及烦琐的售后服务，那么它们会重点设计融合性产品、开发软件的升级版并通过无线方式应用这些软件，以提高效率。如果问题是购置新车的费用高，而利用率不高，那么它们会设法提供拼车服务并编写算法，以便必要时实现乘客与司机的匹配。但是，只有充分了解客户的问题，公司才能提出融合性解决方案。

当公司不止于提升能力和优化资源时，融合性解决

第 2 部分
价值向量

方案才会变得切实可行。要做到这一点,一种方法是倒推法。公司可利用倒推法,即先设想希望达到的状态,接着确定并采取行动,以达到这种状态,而不是一味地根据现状采取后续行动。倒推法类似于预见法,但倒推法不是要确定未来,而是要设想很多可能的未来,理解它们的影响,发现更可取的未来,找出可实现这些未来的必要步骤。

例如,如果公司希望解决城市交通相关的很多问题——人们出行困难、城市交通拥堵以及环境污染等,那么它要面对的是一个复杂的、多维度的问题,只有融合性技术才能解决。公司将不得不从一种理想的未来往回推导,由外向内在更高阶上确定问题。这样就可以迫使老牌企业走出过去、走向未来,进而克服自己面临的挑战。

有望在交通解决方案上领跑的企业必须问一问这些问题:我们应该让一个乘客去驾驶为四个人设计的汽车吗?物流公司应该使用专门载运乘客的汽车吗?如果使用定制汽车,那会给经济和环境造成什么影响?我们应该使用人类驾驶的汽车,还是自动驾驶汽车?要加快无人驾驶汽车的应用,需要对公路进行怎样的改造?公共交通系统要怎样适应这一变化?燃料、服务、维修和停

第 8 章
定制化解决方案之争

车该如何适应？

这一切其实没有看起来那么难以实现。很多工业企业正在有目的地重塑未来。农业领域的公司正在想方设法确保全球可持续的粮食供应。建筑行业的公司正在建造各种大楼，为更多的人提供舒适、可持续和低成本的居住环境。医疗行业的公司希望能治愈人生各个阶段出现的疾病。在这个十年余下的时间里，融合性解决方案将出现在很多工业企业内，而那些先行者将提供端到端的融合性解决方案。

未来，很多老牌企业将使用在数字思维与科学学科之间的交叉领域出现的解决方案。研究生物和生命的学科，即生物学，便是一个很好的例子。一旦改变了遗传密码，生物系统就会随之发生变化。离开数字技术，这一切就无从谈起。的确，基因测序、基因编辑以及合成生物学等新技术正在重塑生物学。科学家可以阅读并编写新的 DNA，这是因为数字技术将其变成了数据。各种不同行业（包括医疗、美容、医疗器械、电子、医药、食品化学、采矿、电力和建筑）的老牌企业正在审视自己在合成生物学业务中发挥的作用。

企业从客户的角度来分析问题，就能更好地建构解

第 2 部分
价值向量

决方案。那么，客户为何需要工业企业提供答案呢？逐一创建解决方案，需要大量的投资，因此大部分工业采购方对这种方法并不感兴趣。相反，客户在选择解决方案提供方时，看重的是后者有能力根据自己掌握的数据网络效应和独特算法，从现有的所有产品、服务及系统中"组装"出最佳解决方案。

整合

公司提供解决方案时，靠的不是标准的产品、服务或系统，而是上述各项与互补性产品、服务和系统的互联。这就是说，在提供解决方案时，整合时依据的逻辑才是关键。仅靠不同的公司打造全新的产品，这样无法推动精准农业、智能建筑、个性化医疗、可持续交通和智能家居的发展。相反，这种发展离不开将产品与其他配套部件整合起来，形成有效的解决方案。

那些融合性解决方案公司必须担起提供方和顾问的角色。例如，霍尼韦尔使用现有的模块和子系统来设计建筑物，并增加必要的功能来满足客户需求。公司必须善于与不同的合作伙伴开展协作，以确保解决方案有针对性，能解决现有的问题。

工业企业将通过人类与技术的整合，制订出定制化的解决方案。那些融合性解决方案公司必须掌握数字技能，以便将其与合作伙伴共同控制的产品、服务和系统进行整合。数字公司（初创公司）拥有得天独厚的优势，无须使用或改变现有部件，便可开发出解决方案。工业企业需要精准评估业绩差距——在竞争对手不受那么多条件的限制，能更自由地为客户提供最佳解决方案的情况下，衡量自身解决方案的竞争力水平。

目前，公司可在现场的人类专家的协助下，逐项制订解决方案。未来，解决方案将取决于统一的数据流以及从不同场景的数据网络效应中积累的专业能力。要想使工业企业与其客户之间的关系产生更大的价值，关键是要确保开发的数字技术符合客户的生命周期。

加速

要更快地提供融合性解决方案，提供方必须开发强大的数字工具，以便大规模地提供高效的定制化解决方案。关键是要始终关注不断发展的技术，并将这些技术

第 2 部分
　　价值向量

加以整合,以打造定制化的解决方案,适应不断变化的问题。要寻找那些不断成熟和融合的技术,实现不同部分最有效的整合。这样可以确保以往的解决方案不会制约未来的解决方案。

CEO 必须决定在企业内部应形成哪些新能力,以及企业需要具备哪些新能力,才能与数字初创企业和数字巨头开展合作。这个过程将会促使企业在员工、程序和政策等方面调整投资重点。一个领域的投资会催生出另一个领域创新的解决方案。例如,特斯拉在自动驾驶技术中使用的视觉计算给亚马逊带来灵感,促使后者建立了无收银员的商店。[2]

使用融合性技术来解决问题,离不开敏捷性和适应力。行业领军企业必须主动接受数字技术,更深入地了解这种技术的发展潜力,打造一种探索未知的企业文化,从而使数字创新不再局限于它们的应用。它们必须敢于尝试新技术。这样一来,它们就清楚技术何时才可使用,以及在应用技术前需要哪些互补性创新。就融合性解决方案公司而言,其核心竞争力并不是利用规则并设计长期有效的解决方案,而是从不同领域中获取灵感,以便持续地、更有效地解决问题。

第 8 章
定制化解决方案之争

大部分突出的问题不是一成不变的，融合性策略也是如此。通过实时获取解决方案在不同场景下的运行数据，融合性解决方案提供方就能不断完善解决方案，从而提升自身的效率和效能。例如，城市拥堵并不是新问题。然而，在尽量减少对环境影响的前提下，人们比以往有更多样的方式去经济、快捷地运送乘客和货物，甚至会有更好的解决方案。

在获取上述运行数据后，融合性解决方案本身是动态的。通过长期积累数据网络效应，融合性解决方案公司可以持续重构问题，并优化其对于最佳解决路径的认识。公司必须有资格深度嵌入客户的运营，这样才能发挥实效。

盈利

在使用融合性解决方案时，客户和合作伙伴在创造价值的过程中发挥着极其重要的作用，因此工业企业必须与客户及合作伙伴分享价值。

通常，让客户愿意多花些钱的不是产品，而是解决方案。工业企业可以通过基于成果的合约以及利润分成协议，从解决方案中获利。有些工业企业已开始试点可

第 2 部分
价值向量

自动补给的自我监测服务；有些工业企业在试点订阅模式，即定期收取解决方案的费用；有些工业企业在试点企业即解决方案，根据客户需求提供定制化的解决方案。法国的阿尔斯通确保通过其 Train Life Services 业务，它生产的火车能满足客户全天候的需求，同时对列车故障，尤其是高峰时期的列车故障承担经济损失。德国的凯撒空压机销售的不再是气缸，而是空压即服务——利用数字技术来远程监测其机器的使用状况。荷兰的飞利浦向阿姆斯特丹的史基浦机场这类客户销售的不再是 LED 灯泡，而是照明解决方案。

我们不妨分析一下，如何从融合性解决方案中获取最大的价值。当解决方案型公司利用其跨行业的经验和数据图谱，去影响不同部分的整合方式，以实现价值最大化时，该公司就能充分理解问题，并在必要时重新建构问题。如此一来，它可以使用已导入数据图谱的更丰富的动态数据。就应用场景的数量和多样性而言，这类数据的规模更大、范围更广。这种数据优势成为制订解决方案的基础，而那些业务规模和覆盖范围都有限的竞争对手无法给出这种解决方案。随着工业企业越来越多地与合作伙伴开展合作，它就能改进其融合性解决方案，以释放更多的价值。

第 8 章
定制化解决方案之争

要创造价值，企业就要持续积累专业知识。解决方案型公司只有利用从客户现场使用的机器中获取的数据图谱，才能了解每个客户的具体情况。它们通过与其他公司建立合作关系，可以直接或间接地利用这种专业知识，并且超越系统集成商或服务提供方这种角色，扩大业务范围。它们必须基于自身对于现有系统的设计原理的认识，借助于目前已更深入地整合到客户运营中的合作伙伴提供的数据。

融合性解决方案提供方必须成为创新者，一个既了解科学知识又通晓数字技术的创新者。只有这样，它才能吸引潜在的合作伙伴。如果工业企业落伍，它就无法得到创新者的支持。未来，在评估解决方案型公司是否可信时，我们要看一看该公司的合作伙伴。那些在执行产品、服务和系统策略时表现最出色的公司不会与二流的解决方案型公司开展合作。

此外，解决方案型公司必须成为合作伙伴可信的盟友，能理解后者扮演的角色。合作伙伴要明白，它们的专业知识可通过逆向工程被挪作他用，既未说明专业知识的归属，也未进行任何补偿。关键是公司要证明，它始终尊重合作伙伴的贡献，并确保每个合作伙伴都能获

第 2 部分　价值向量

得其应得的回报。合作伙伴对每个客户的作用各不相同，因此解决方案型公司必须说明其分配价值时的依据。信任也极其重要，这是因为融合性解决方案公司将处于来自合作伙伴的数据流的中心位置，而这些合作伙伴有可能是高度网状生态系统中的竞争对手。

解决方案提供方在解决冲突和说明生态系统规则时必须做到公平。过去，它们可能专注于数据治理，但如今在提供解决方案时，它们已经将目光投向客户及合作伙伴。当务之急是更加强调隐私和安全在价值创造和获取过程中的重要性。当融合性解决方案需要多家公司通力协作时，最薄弱的环节会导致整体表现不佳。一旦出现这种情况，融合性解决方案公司必须树立起诚信中介和公平仲裁者的形象，确保价值得到提升，而不是遭到破坏。

为应对定制化解决方案之争做好准备

在四个融合策略中，融合性解决方案对初创企业更具吸引力，因为它们在机器设计和制造方面毫无经验。它们可以利用自己的新视角去建构问题，并使用数字技

第 8 章
定制化解决方案之争

术,包括人工智能和机器学习方面的最新技术,以提出问题的其他解决方案,接着利用产品和系统来满足客户的需求。这些公司的优势在于它们的公正性,因为它们并不隶属于可能会影响到它们的任何法人。因此,它们可以针对客户的问题,提出最有效的解决方案。

咨询公司可能会青睐融合性解决方案。它们善于从过往的经历中积累最佳实践,从而为客户提出定制化的战略方向和建议。但是,在没有工业企业的实时产品使用数据和数据网络效应的情况下,它们靠的是聪明的人类。然而,它们可以通过建立合作关系来提供解决方案。埃森哲最近推出的 Industry X 项目便是一个例子。该公司的声明可谓雄心勃勃:

"我们借助数据和数字的合力,重构你生产的产品以及产品的生产方式。通过使用能将每个环节相连的数字智能技术,我们将与你通力合作。我们使用数据以及 AR/VR、云、人工智能、5G、机器人和数字孪生等技术,使你的核心业务具有更大的韧性、更高的生产率和更强的可持续性。我们将打造超级个性化的全新体验以及智能产品和服务。"[3]

虽然目前无法证明这一想法在实践中是否取得了成

第 2 部分
价值向量

功,但有必要认识到,在融合性解决方案这个战场上,传统的行业领军企业和具有数字能力的初创企业之间会形成激烈的竞争。

你的公司应该主动投身这个战场吗?三大因素将塑造竞争格局并影响是否进入融合性解决方案这个战场的决定。

解决方案缺口越来越大

每个行业都有一个解决方案缺口,即客户的需求与最佳产品或服务所能满足的需求之间的差距。大部分工业企业都发展到了这样一个阶段——它们当前的产品、服务和系统无法继续提高商业价值。除非采用一些新方法,以体现融合相关的核心理念,否则解决方案缺口会不断扩大。通过增加道路上车辆的数量来解决城市拥堵问题,并提供定制化的交通解决方案,这种做法是不成立的;通过采用传统的农业和耕作方式来解决全世界80多亿人的吃饭问题,这种做法是不可持续的。若不融合数字功能,就无法实现医疗服务的普惠化;若不采用不同的理念和方法,从根本上改变建筑的设计方式,就无法打造健康、可持续的城市生活空间。如果当前的企业

第 8 章
定制化解决方案之争

无法满足客户的需求，那么随着解决方案缺口越来越大、越来越明显，势必产生拥有相应实力的全新竞争对手。

跨行业解决方案的可移植性

通过利用相关行业的解决方案，融合性解决方案可能会带来丰厚的收益。例如，在城市交通领域的成功实践如何在农业领域复制？Waymo 或 Cruise 这类公司在自动驾驶汽车方面的专业知识怎样被用于采矿业？

谷歌 Mineral 项目的一个团队一直在设法打造全新的软件和硬件工具，以整合各种不同的信息源。过去，这些信息源不是过于复杂，就是过于庞大，因此既无实用价值，也无法付诸实践。[4] 这个团队首先收集了有关农田环境状况的现有信息，其中包括土壤、天气和作物的历史数据。团队也使用了原型植物漫游车，以收集有关当地植物的生长状况以及环境适应力的新数据。漫游车穿行在农田里，近距离查看农作物的情况。通过使用在美国加利福尼亚州的草莓地和伊利诺伊州的大豆地里穿行的植物漫游车，团队可收集数据对机器学习算法进行训练。在算法训练过程中，团队使用的是植物、浆果和豆类的高清图像。

第 2 部分
　　价值向量

　　两年来，团队分析了各种不同的作物，例如甜瓜、浆果、莴苣、油籽、燕麦和大麦，涉及种植到收割的整个过程。通过整合漫游车采集的图像与卫星图像、天气数据和土壤信息等其他数据集，团队已全面掌握农田的实际状况，而且通过机器学习认清了植物的生长模式及其与环境相互作用的机制。像约翰迪尔通过蓝河科技获得的能力一样，Mineral 似乎一直在培养类似的能力。但 Mineral 有所不同，因为相比约翰迪尔，它能整合更广泛的人工智能、计算机视觉以及机器学习创新技术。这样一来，谷歌就可以通过数字方式来解决不同行业的问题了。

不同生态系统的影响

　　解决方案型生态系统会出现在两端。一端是数字引领的。那些拥有数字能力的公司或团队（例如埃森哲或 Mineral）将主动与传统的工业公司开展合作，以获得互补性的领域专业知识。另一端是学科引领的。那些掌握了学科知识的工业巨头（例如农业领域的约翰迪尔、航空和建筑领域的霍尼韦尔以及采矿业的卡特彼勒等）将主动与数字公司（例如英伟达、台积电、微软或亚马逊云科技）开展合作，以获得互补性的专业知识，进而解

第 8 章
定制化解决方案之争

决问题。关键是要监测这些生态系统的跨行业形成与演进态势,这是因为它们是价值可能发生转变的预警信号。

· · ·

我们简单描述了在全球经济日益数字化的背景下,工业企业将会身处的四大战场。假设它们继续沿着原先那条既定的道路走下去,只要对手认识到要想在卓越机器之争中取胜,就必须使用融合性产品,那么工业企业就将面临来自对手的竞争压力,比如汽车行业的特斯拉。因此,工业企业必须主动拥抱数字工程,以定义它们的机器架构,否则就会有落伍的风险。它们必须认识到,停滞不前会让它们面临那些掌握了新能力的竞争对手的挑战。表 8-1 对比了四大融合策略的四个执行步骤。

表 8-1 四大融合策略的执行步骤

执行步骤	融合性产品	融合性服务	融合性系统	融合性解决方案
建构产品	根据数据图谱和算法,设计工业产品,以便与传统机器竞争	设计能接入客户运营体系的节点,以增大客户的成果	设计系统,确保不同工业企业生产的机器实现无缝协同运行。跟踪并评估有关系统级设备性能的数据	通过整合产品及服务、添加必要的项目以及提供解决方案,来解决客户的问题。不同场景下的数据网络效应会带来优势

第 2 部分
价值向量

（续）

执行步骤	融合性产品	融合性服务	融合性系统	融合性解决方案
通过整合来实现价值	基于三方数字孪生，整合组织和合作伙伴。形成将数据转化为商业价值的能力	将三方数字孪生延伸到客户运营中，以提供可行的建议，提高客户的生产力	从系统层面思考问题，实现不同机器的互联。确定统筹工作与参与角色	充分利用人的能力与人工智能，以建构并解决问题。采用由外向内的视角和倒推法
加快执行路线图	在现有机器上添加传感器和软件，接着用融合性产品替换现有产品	从那些有浓厚兴趣的客户入手，因为他们能预见互操作性的价值。将获得的启示用于更多的客户	创建基于产品的子系统，扩大范围，以便释放系统层面的优势	从如今那些高价值、可利用现有技术解决的问题入手，绘制出未来解决方案的路线图
通过创造并获取价值来实现盈利	提高可靠性，降低机器停工给客户带来的风险	激活通过数据图谱和算法来提高客户生产力的新方式	利用完美的系统来释放潜藏在相互独立的职能部门和单个公司内的价值	提供定制化的解决方案，以释放本来可能会丧失的价值，因为在狭小的问题范围内提供的产品或服务互不兼容

然而，随着融合性边界沿着两个轴提供了新的可能性，融合性产品仅能获得潜在价值的一小部分。此时，工业巨头有两个选择：更深地融入客户的运营，以期在交付卓越成果的竞赛中获胜，并成为提高客户盈利能力不可或缺的力量；探寻另一条进入系统的路线。

在建立融合性系统的竞赛中，最有效的取胜方式就是

第 8 章
定制化解决方案之争

使数据图谱与已深度嵌入客户运营的三方数字孪生实现动态互动。否则，第三方服务提供方就有机会抓住商机。

智能系统的终极对决事关每家工业企业，因为它在持续地评估如何与不同的系统实现互联，或者它在系统运行期间负责建构并管理数据流。随着像霍尼韦尔这样的公司对自己的产品和系统形成全面、彻底的认识，会发现自己在不断陷入多个相互重叠的系统。在行业数字化以及与邻近行业实现互联的背景下，这场对决将在不同行业间展开。

对决集中在定制化上，即利用长时间积累的洞察，通过整合产品和服务来满足客户的具体需求。那些深谙自身机器及系统的工业企业将与充当客户代理人的公司展开竞争。要想在这场对决中取胜，需要深刻的洞察，同时掌握人工智能工具。

四大战场代表着不同的价值向量。在重资产部门，工业企业和数字公司都要在总价值75万亿美元的可利用的商机中分得一杯羹。生成式人工智能，外加扎实的领域知识，有望给定制化交通、智能农业、家居和可持续能源等领域带来更全面、多学科的方法，以建构并解决

第 2 部分
　价值向量

问题。最后,强大的战略性创新将在那些拥有新能力的企业间重新分配价值,而这些企业将建立新的关系。

在该部分,我们不仅介绍了四大策略,还说明了演化的动因。每家工业企业必须考虑其当前的策略,同时还要分析演化路径,以把握新的机遇。目前,重点转向了领导力挑战,即使融合成为制定并执行策略过程中不可或缺的要素。我们在本书最后提出了一些原则和实践,以帮助行业领军企业踏上这段重要的征程。

PART

第 3 部分

开拓融合边界

第 9 章　融合原则与实践

让我们快进到 2037 年。不难想象，所谓的"城市广场"（当然，这里指数字城市广场和全球性城市广场）说明了约翰迪尔这个正好拥有 200 年历史的美国农业巨头，是如何将自己重新打造成农业和食品领域的成功者的。在拥有 200 年历史的企业中，很少有企业未经历过被收购或是被重组成另一个法人实体。

2020 年，在约翰·梅加盟约翰迪尔 23 年后，他正式出任公司的董事会主席兼 CEO，也是公司历史上第十位 CEO。不久后，他宣布约翰迪尔的发展战略不仅聚焦于机器。全新的"智能工业"战略的目标是改造农业和建筑业。

人们关注的是约翰迪尔专注于整个技术栈，使其机器

第 9 章
融合原则与实践

更具创新性、更精准、更高效。该公司的做法是将技术栈与全生命周期解决方案相结合。同样重要的是，该公司专注于在其设备的整个生命周期内不断增加价值，以最大限度地降低成本、延长运行时间。该公司的设想超越了工业机器，包括硬件、指引、互联性、机器智能和自主性。约翰迪尔的商业愿景强调的是为其客户提供解决方案——融合策略表的"北极星"。2023 年，约翰迪尔的指导方针是，"我们正在发挥企业的实力，提供智能互联的机器和应用，彻底改造我们客户的业务，以可持续的方式在产品的整个生命周期内向所有客户提供价值"。[1]该公司最新的宣传语是，"我们奔跑，为了迎接生命的跃升"。这段话体现了约翰迪尔致力于改造自我，迎接融合未来的雄心。

约翰·梅的愿景为约翰迪尔的未来发展指明了方向。在 21 世纪 20 年代初，约翰迪尔开始积极备战，准备迎接来自传统对手和新势力的挑战。该公司认识到，全新的竞争力将融合钢与硅、实体与数字、人类与人工智能。约翰迪尔认为，在耕作活动的整个生命周期内（备耕、种植、保护、收获及管理），如果自己成为农民值得信赖的合作伙伴，就能再释放出每英亩 40 美元的经济价值。[2]一旦价值得以释放，那么该价值的分配就取决于工

第 3 部分
开拓融合边界

业企业与买主（即农民）之间关系的性质。要成为可信的合作伙伴，约翰迪尔不仅需要有工业机器领域的专业知识，还需要从数据图谱和算法中获得洞察。它需要发挥在农田中运行的数百万台机器和众多设备的数据网络效应。如果公司成功地释放了更多的价值，那它就有资格要求获得自己应得的那一份。

约翰迪尔开始行动起来，希望更深入地整合到客户的运营中。该公司制定了到 2026 年参与 5 亿英亩农田（此处是指在 12 个月内，约翰迪尔数字平台上的客户在这些农田里以数字形式至少跟踪一次耕作活动）的目标，其中有一半农田需深度参与（此处是指在一个月内，约翰迪尔平台上的客户在这些农田里以数字形式跟踪多次耕作活动），并打造至少 150 万台互联机器。[3] 自 21 世纪第一个十年开始，该公司已经在投资互联设备的开发工作。通过专注于助力耕作活动的数据，约翰迪尔的解决方案将"帮助客户实现个人目标，通过先进技术来提高他们工作的准确度和效率，并借助数据做出更好的决策"。[4]

约翰迪尔在钢与硅的交汇地带重新定义拖拉机和工业机器，并为了其第三个百年的发展进行自我改造。这一切会被载入史册吗？当然，竞争在很大程度上决定着

第 9 章
融合原则与实践

约翰迪尔能在自身业绩与客户生产力之间的交汇处取得多大的成功。分析师和观察家将记录约翰迪尔能否准确地利用科技进步，在确保利润率的前提下，不断开拓可持续发展的新领域。约翰迪尔会成为数字工业再造的代表吗？或者说，在约翰迪尔于 2024 年取得了领先优势后，其他老牌企业会迎头赶上吗？

尽管我们无法预见未来，但我们相信，成功者将拥有我们在下文会描述到的某些（如果不是全部）原则和实践。对工业企业而言，未来的竞争格局将有所不同，既从未涉足，也从未耳闻。战场也会有所不同，这是因为新的竞争对手已经掌握了一套适合数实融合未来的新能力。如果约翰迪尔和其他老牌工业企业想要赢得竞争，就要准备一本全新的策略手册。当务之急是评估它们现有的能力是否仍管用，放弃那些不合时宜的做法，主动接受数字时代的行为逻辑。它们必须遵循全新的原则，运用全新的技巧。

原则 1：释放多个阶段的全新商业价值

数实融合是指将先进的科学知识与尖端的数字技术

第 3 部分
开拓融合边界

进行整合，以改变激烈的竞争，创造全新的渠道来释放价值，提供全新的方法来获取价值。模拟时代的实践会限制价值创造的上限，这是因为它们受制于严格的商业界限、部门的职责范围以及组织的边界。现在，有远见的资深领导人乐意看到那些偶尔闪现的孤立的想法释放潜藏的价值，但他们认识到，这种情况可能不会一蹴而就。多项技术必须成熟并融合，这样才能释放出大部分潜在的价值。我们希望各行各业都能看到各种不同的发展轨迹：一度适用于个人出行的做法可能并不适用于商业物流或是农业领域；在美国行得通的事情可能无法移植到其他国家或地区。尽管数字颠覆有望在未来十年或二十年搅动每个行业，但是分配价值的路径仍不明朗。要想驾驭这一局面，必须建立并加强两种分析实践。

让成百上千的试验取得成果

在这个充满变数的时期，如何最有效地释放价值仍无明确答案，这就要求开展严格的策略性试验。约翰迪尔的目标是使每英亩的生产力平均提高 40 美元，要实现这个目标，具体的途径和机制仍有待发现。对身处不同条件下的客户而言，上述途径和机制可能会截然不同。

第 9 章
融合原则与实践

约翰迪尔必须非常认真地开展试点，通过整合数字技术与组织流程，以确立特定的规程，进而在不同的客户场景下释放价值。借助这些试点，约翰迪尔就能绘制出由传感器、软件和周边产品组成的路线图，这样既能提高现有机器的性能，又能获取设计新一代设备所需的洞察。

试点有利于企业完善当前的实践，并在不同时间跨度内为未来做好准备。企业面临的挑战包括在今天的竞争中取得胜利（第一个时间跨度：一至三年），同时为未来的竞争做好准备（第三个时间跨度：七年以上）。然而，重大的商业挑战出现在中等时间跨度内（第二个时间跨度：三至七年）。CEO们必须决定何时放弃传统的做法，以及如何尽快采用全新的做法，即那些有望成为未来商业基础的做法。对约翰迪尔来说，在第二个时间跨度内做出决定时，既要对机器升级改造，又要对客户运营进行机器的数字整合，包括与耕作系统内非约翰迪尔生产的机器及设备实现互联。

约翰迪尔要想成功地实施其智能工业战略，就要在第一个时间跨度内保持其创造和获取价值的重要能力，同时摒弃那些可能对第三个时间跨度意义不大的能力。[5]它必须确定未来转折点出现的时间，即过往的最佳实践可能失去价值的时间。此外，约翰迪尔必须审慎地决定自己该放弃哪些实践，从而最大限度地降低因丧失重要的技能和知识而承担的风险。通过开展协调一致的试验，包括在三个时间跨度内进行数据驱动的模拟，约翰迪尔可以发现过时的商业模式中那些毫无价值的资源，并将这些资源重新分配给能释放全新商业价值的商业模式。

最善于使用倒推法

即使是直截了当的预测也可能有局限性，这是因为根据基本信息做出的预测，往往会使现有的偏见一直持续下去，例如，高估某个技术的短期影响，但低估它的长期影响。[6] 此外，预测在可预测的条件下是非常有用的。相比之下，当公司面临技术、客户和竞争对手时断时续、非线性的变化时，倒推法更具挑战性，但也更重要，这是因为不连续性颠覆了既有的价值。借助倒推法，公司可以从各种可能的未来倒推现在，而不是从现在预测未来，进而确定如何创造并获取商业价值。

从 2037 年倒推现在，约翰迪尔应考虑其机器电气化的影响。电动汽车和卡车的影响会外溢到拖拉机和建筑

第 9 章
融合原则与实践

设备领域。首先，无人驾驶系统和汽车电动化会直接影响拖拉机和建筑设备的架构。其次，电动化会间接地减少对玉米的需求。玉米是乙醇的重要原料，而乙醇又是传统内燃机的动力来源。如果乙醇的需求在未来十年或二十年内逐渐减少，那么约翰迪尔该如何帮助那些种玉米的农民实现向种植其他作物的有序转型呢？这可不是约翰迪尔这个工业机器制造商所能做到的，但毫无疑问，这是约翰迪尔身为一个解决方案型企业必须做的。倒推法可揭示出不同时间跨度内那些微弱的信号之间的联系，从而有利于企业更全面地认识未来的商业格局，这是在多种趋势及技术的合力下形成的一种商业格局。

通过采用一种由外而内的视角，倒推法有助于企业更深刻地理解新兴的技术与不断变化的客户需求之间的交叉领域，进而释放潜在的价值。约翰迪尔必须跟进种子和化肥等邻近领域的发展动向，因为这些领域会影响机器上安装的成套传感器和软件。倒推法会帮助公司发现价值流的拐点，将注意力集中在利润池的转变，而不是技术进步上。掌握利润池的变化，会带来重要的洞察，帮助我们了解那些企业——它们可能是新出现的重要商业伙伴，也可能会重新分配与共享数字转型有望释放的价值。

第 3 部分
开拓融合边界

为了保证倒推法达到预期的效果，公司必须改变以往只考虑未来的整体状况这一做法，而要形成对未来的具体愿景。这就要预测可能出现的变化，例如汽车制造商何时以及如何将自己的技术和专业知识运用到农业中，还要决定需采取什么行动，例如建立合作伙伴关系并进行股权投资。而且，倒推法应根据模拟技术与数字技术多种可能的组合方式，描绘出有不同拐点和时机的未来。硅与钢的完美融合在各个行业内的表现形式会有所不同。因此，以邻近领域为基准，尝试其他的未来发展轨迹，有利于老牌企业有效地管理自身的能力——既能维护当前的利润，又能追求新的价值。

原则 2：协同智能的设计

尽管融合性企业的组织架构仍是变化不定的，但是有一个基本的设计原则正逐渐变得清晰。将人类智慧与机器智慧区别对待的做法是毫无意义的。我们不能独立看待这两种资源。每个功能和活动都会在人类与机器的协作中得到强化。简而言之，这就是"协同智能"。公司应改变自己的观念，不要把 AI 简单地理解成人工智能，而要将其视为增强智能。

目前，人们都清楚，即便是最聪明的人也会因使用强大的数字工具而能力大增。在每场竞争激烈的战役中，获胜者都要使用能体现这种协同智能的最强大的武器。人类与机器将同心协力，打造先进的数据图谱和数字孪生技术，以发现那些未曾察觉的合作伙伴。利用算法，会发现一些强大的合作伙伴，在人类难以应对的独特情况下释放价值。

组织的设计者会越来越多地把计算密集型任务交给机器去完成，而他们自己将注意力集中在机器无法应付的决策过程上。[7] 如果要让工业巨头对事关数字转型成败的三个基本资源，即财力、技术和人力进行排序，它们会始终将人力排在首位。工业企业必须培训他们的人才掌握新技能，并对公司进行战略定位，以吸引新的人才。为了推动这种转型，企业必须开展两项基本的实践。

对现在的员工进行再培训

最具挑战性的一项任务是，搞清楚从人类与机器独立运行的这个熟悉的阶段进行转型的规模、范围和速度。

第 3 部分
开拓融合边界

在工业企业，大部分员工，尤其是那些拥有技术相关学位的员工，并不很了解高级算法如何帮助他们更有效地完成工作。同时，在数据和人工智能（尤其是生成式人工智能）的推动下，每个技术相关学科都在经历重塑。即便是那些刚刚完成学业的人也会发现，他们的专业知识有些已过时。像约翰迪尔这样的企业早已认识到技术培训的重要意义。早在1989年，该企业就启动了技术培训项目。如今，每个企业都要主动培训更多的员工，让他们认识到人与机器之间本质上是一种协作关系。

通过与这些企业进行交流，我们发现，它们越来越重视在网络安全、区块链、云计算、高级人工智能以及其他数字技术领域培训自己的专业人才。这是一个良好的开端，但企业还要更全面地了解人类智慧与机器智能协作的条件与方式，以及目前为了确保生产力而需采取的行动。对于生成式人工智能算法如何提升人类技能这一点，我们建议企业开展更全面的培训。

使用实时收集并经过分析的动态数据来打造三方数字孪生，这是一个新挑战。各级经理都要重视这项任务。设计带有图形结构的数据库是一项新任务，其中图形结构通过预测性分析来提出定制化解决方案。有些员工可

第 9 章
融合原则与实践

能精于技术知识,但每个员工都应熟练地使用这种数据库,以获得洞察。并不是每个员工都通晓生成式人工智能这项技术,但每个员工都应熟练地使用现有的工具来提高生产力。将不同领域的不同竞争对手生产的产品和设备进行整合,并且使数据在复杂的系统内顺畅地流动,正在成为一种重要的新能力。

在管理工业运营中心时,如果要实现谷歌和亚马逊的现代技术运营那样的速度和效率,就需要全新的学科。人类只有与机器协作,才能做到这一点。同时,机器需要人类的信息和参与。工业企业应该将这种合作关系视为头等大事,因为对于技术如何以及何时会造成大量的员工失业,人们仍有很多不清楚的地方。开展有关协同智能的员工培训,公司的投入会立刻带来丰厚的回报。

招聘面向未来的人才

对于人类与机器如何通过协作来推动协同智能这一点,企业的重视程度会发生变化。因此,对现有员工进行培训是起点,而非终点。在工业企业的数字化进程中,人才会发生变化;随着企业选择不同的竞争环境和方式,人才也会发生变化。

第 3 部分
开拓融合边界

在每年一度的"人工智能日",特斯拉通过推出专有芯片这类最新技术,展示了它的独特产品,而且成立了多支专为推动创新而组建的数字团队。然而,"人工智能日"的真正受众并不是行业观察家,也不是金融分析师,而是公司未来的员工。如果你问梅赛德斯-奔驰、大众、福特和通用,人才工作的重中之重是什么,它们的回答都是招聘一流的软件工程师和人工智能专家,但这些人才可能不会考虑在工业企业工作。工业企业必须努力招聘这样的人才——他们能认识到自己与机器协作的重要性,可以不断地学习,而且是早期倡导者。

如果约翰迪尔在其成立 200 周年时成为人们议论的焦点,那么我们预计那时该公司的人才将与 2020 年时有所不同。2020 年时,公司刚宣布开展智能工业战略。它将拥有一批能力很强的专家型数据科学家,他们可对自己的专有算法进行小幅调整,从而使耕作活动实现高产、可持续的目标。但仅有这些是不够的。约翰迪尔可以聘请一些专业能力出众的人才,因为这类人才能在个人专业能力最强的情况下,完美地整合公司的专业知识与数字技术。学科专家会愿意与数据科学家合作,以释放商业价值。因此,随着约翰迪尔的持续发展,不像以往那样专注于机器，而是成为其客户信赖的解决方案提供商，它的人才将实现自己的抱负。

逐渐地，约翰迪尔会将协同智能的逻辑延伸到公司边界之外，进入其生态系统中的关键合作伙伴。随着数字技术变得越来越强大、越来越自主，它们会在不同职能部门间实现整合，这涉及供应商、经销商和合作伙伴。行业领军企业必须利用技术栈的演进来释放价值，主动平衡人类与机器之间的决策权，确保重要的合作伙伴能齐头并进。随着生成式人工智能技术在不同行业得到广泛应用，行业领军企业必须不断开拓，探索哪些任务应交给算法完成，哪些工作应通过人机协作的方式完成。

要想取得成功，企业就要有能力让整个组织（包括更大的生态系统在内）认识到协同智能的强大作用以及推动快速变化的因素，并采取相应的应对措施。它们将在员工再培训的速度与员工招聘的节奏之间找到平衡点。

原则3：在生态系统内生活（并成长）

除了人类与机器的协同智能外，随着竞争激烈的战

第 3 部分
开拓融合边界

役从使用智能机器转向解决客户问题，另一种形式的合作成为人们关注的焦点。跨行业企业间错综复杂的关系清除了传统的边界。未来的成功取决于建立同盟、合作关系、生态系统和联营企业，并与盟友合作，形成新型的数字商业关系。成功者将是"我们公司"，而不是"我公司"。它们的竞争优势源于它们在自己打造或参与的相互重叠的生态系统内所处的位置。

对以往拥有专有技术的单一性行业来说，这是一次重大的转型。这类行业过去更愿意将竞争与合作视为截然不同的两个概念。但在数字世界，它们通过生态系统，既要竞争，又要合作。它们要与客户密切合作，赢得客户的信任。在这种情况下，它们就要取得优先使用客户数据的权利，深度融入客户的运营，建立必要的信任，以确定能影响客户利润率的行动。要想实现这种全新的动态，以下两种做法必不可少。

确保生态系统现在发挥作用

一个公司的收入和利润取决于它能否发挥好合作伙伴的作用，以弥补其内在能力的欠缺。对约翰迪尔来说，

第9章
融合原则与实践

这就要求它确保其众多合作伙伴，包括渠道合作伙伴、技术合作伙伴以及精准农业的参与方（包括潜在的竞争对手，例如孟山都和爱科）的组织架构要实现利润最大化。而且，约翰迪尔还要了解合作伙伴在传感器、软件、卫星图像和野外制图中发挥的作用，以及专家在应对数据互操作性问题上发挥的作用。尽管企业并不熟悉这些合作伙伴，但它们的能力有助于约翰迪尔加快自身的转型，从传统机器和设备的制造商转向能综合运用三方数字孪生技术，实现整个产品生命周期数字化的行业领军企业。在此过程中，约翰迪尔将动态数据导入数据图谱，以发现持续提升产品性能的有效方法。

在转型的第一个阶段，各种形式的合作关系是坚实的基础。约翰迪尔需要明确各种责任，以协调管理不同的关系。从以往的经验来看，某些关系由采购部门根据标准的协定和规则来管理，而其他关系由营销和服务部门根据自身的绩效考核指标和监管程序来管理。我们的战略手册要求以协调一致的方式建构并管理这些关系，以便现场的机器数据能根据需要流入不同的合作伙伴。约翰迪尔能取得成功，靠的不是其内在的能力，而是提高与众多合作伙伴开展协作的效率。管理这些合作关系

第 3 部分
　　开拓融合边界

不只是为了设计并交付机器,也是为了监测它们在整个生命周期内的现场性能。根据这一全新的指导原则,约翰迪尔会在合作关系中采用一种协调的方法,而不是将不同的合作关系视为独立的商业安排。

确保生态系统适应未来的发展

我们的战略框架是动态的,意味着各种关系将会而且必须发生变化。这才是这种做法的关键所在。约翰迪尔必须与那些土壤、种子、化肥、化学、供水、气象和农业保险公司建立新的关系,以有效地提供融合性解决方案。当约翰迪尔尝试融合策略矩阵上的全新轨迹时,它必须评价自己需要掌握哪些新能力(通过收购或内部发展)以及通过合作关系能获得哪些新能力。融合前沿和竞争激烈的新战场改变了工业企业长期以来形成的各种能力。它们将关键关系变成了保健因素,而且在技术具有商业可行性后,这些新能力就变得必不可少,并通过全新的、未经验证的技术,防范未来那些未知的竞争对手。

我们建议,行业领军企业要分析生态系统,以识

第 9 章
融合原则与实践

别可能出现的发展轨迹以及从一个战场转向另一个战场的时机（例如，从卓越机器之争到智能系统的终极对决）。什么样的合作关系能帮助约翰迪尔成为行业领军企业——一个不仅拥有众多机器，而且拥有精准耕作系统的企业？约翰迪尔在调整战略之前，必须对哪些能力进行优化？通过与微软的云功能和生成式人工智能开展协作，约翰迪尔会在哪些方面进一步提升，以便更好地认识如何利用精准农业中复杂的相互关系，提供定制化的解决方案？约翰迪尔如何强化与亚马逊云科技的合作关系，以便逐渐改变其运营中心的功能？约翰迪尔应该对卫星公司进行少数股权投资，从而确保其数百万台机器（外加合作伙伴的机器）能稳定地向运营中心回传数据，同时利用卫星的互联性，对现场的机器进行远程微调吗？[8]

由于数字技术面临着不断变化的机遇和挑战，公司必须持续调整各种关系及生态系统。关键是在竞争对手为了获得竞争优势而重构合作关系和生态系统时，要主动评估重要趋势，并对市场动向迅速做出回应。

倒推法有利于确定如何在生态系统内调整关系。例如，如果卡车的电力传动系统经改造后可用于使用模块

第 3 部分
　　开拓融合边界

化架构的农业机械和建筑机械，那么它们会对竞争格局与成本结构产生怎样的影响？约翰迪尔应该尝试去了解它们的益处和挑战，而不是等待原型机在展会上亮相吗？通过回答这些问题，企业就可以积极地调整自己的生态系统。

原则 4：培育融合性领军企业

融合性领军企业既有传统企业的优势，又有数字化原生企业的优势。工业企业的数字化转型不同于过去几十年间发生过的一切。我们在四大战场的战略逻辑以及各自对应的制胜策略，都要求这些领军企业意识到，此刻需要的不是渐进式的调整，而是根本性的革新。

在研究中，我们发现了一些关键的领导力特征，那些拥有这些特征的人认可自己公司留下来的技术和管理财富，但也认识到过去的成就并不能保证未来的繁荣。他们质疑那些根深蒂固的偏见，主动迎接数字技术，以彻底改造企业。他们可能不是学识深厚的技术专家，但他们理解数字技术在改变竞争格局以及改写价值创造与获取的规则中的影响力和重要性。他们凭直觉就清楚数据的重要性,也清楚通过使用强大的算法,从数据中获取洞察的重要性。他们从系统层面思考问题——熟练地将多个点相连,以表达未来愿景并有效地说明机遇和挑战。接下来的问题是,怎样培养这样的领导力。我们必须采取以下两种举措。

培育高层管理人员的融合性思维

意料之中的是,融合性领导力始于高管层。但在工业企业内,大部分高管对数字化的规模、范围和速度的理解存在分歧。这种分歧会直接导致稀缺资源的不合理配置。常见的情况是,团队会将资源过多地配置给例行活动和延续已久的能力,但无法保证那些可能决定企业未来发展的项目拥有足够的资源。他们最初往往会认为,数字技术只会影响到企业的某些方面,不能算是头等大事。因此,有些团队只是把应用融合策略这件事交给信息技术部门去做,或者最多就是建立一个专门团队。我们认为,最重要的是,大家都要在数字驱动策略并改变竞争格局的方式、时间和条件上形成共识。这种共识有利于确保企业列出一个共同的清单,列明在上述时间跨度内的战略重点以及相关的资源配置。

融合性领军企业要确保每个职能部门都认识到数字化的颠覆性作用，必须在职能部门间做出权衡，以便为未来奠定新的基础。约翰·梅在约翰迪尔就是这样做的，为的是确保智能工业战略不仅是营销口号，还要确保所有的高管全力以赴地实现这一新的愿景。梅聘请曾主导制定该战略的波士顿咨询集团的合伙人，出任生命周期解决方案、供应管理和客户成功三大部门的新总裁。此举说明了引入外部领导者的必要性和重要性，这是因为他们可以在商业域和数字域间精准地把握平衡。

在整个企业内反复灌输融合性思维

在高管层形成有关融合未来的共识，这是一个很好的开端，但成功取决于每个员工都主动认可转型的方向和步调。数字化转型需要改变业务流程、思维模式和文化，因此数字化转型若不仅仅从顶层向下渗透，便可高效地实现。管理人员在使用融合策略的原则时掌握的知识越多，变革越有可能更快地发生，而出现的摩擦和困惑就越少。

因此，当务之急是对各个层级和职能部门的内部人才进行再培训，让他们为融合未来做好准备。如果传统学科与数字技术之间的历史鸿沟持续扩大，这就是预警信号。要解决这个问题，公司就要在传统域的技能与数字技术之间的交叉领域培训员工，提升他们的技能。公司要鼓励员工使用那些能使当前工作实现自动化的技术，从而在机器的效力下降时，他们的专业知识能派上用场。实施编程马拉松和其他创新项目，让每个员工都了解潜在的技术转型。此外，将人才市场中的组织定位为最先采用技术的企业，这样会让潜在员工形成一种积极的认知。

原则 5：使用你的策略计分卡

融合改变着竞争格局，促使公司从产品转向服务、系统和解决方案。如果缺少包含具体考核指标和时间表的策略计分卡，转型工作很有可能会以失败告终。我们提醒企业不要使用那种通用的计分卡（或者不假思索地照搬他人的计分卡）。企业务必要开发出能体现本企业愿

第 3 部分
　　开拓融合边界

景、参考基准、资源及重要目标的计分卡。

关键是要考虑企业无须包含哪些要素，需要包含哪些要素。考核指标是不是应该更重视维护核心业务，而不是寻找新的机会？计分卡是否考虑了数字技术如何影响产品、工艺和服务，以及它们可能过时？在提供服务和解决方案时，有无考核指标能监测那些最理想的客户？企业是否足够重视，去发现当前和未来的合作伙伴，也就是那些在各种融合场景下对眼前利益和长期发展发挥积极作用的合作伙伴？我们必须确定两种举措。

利用适应战场的考核指标

企业通常会使用一些措辞含糊的目标，例如"我们希望成为市场领导者"或者"我们想成为第一"。然而，计分卡应该用词准确，要保证每个员工能清楚标准、成就和差距。当投身四大战场时，企业必须让公司上下都清楚短期成功和长期成功的考核指标。最常见的情况是，企业领导只说明考核指标的内容，但不说明设置指标的原因。如果不能清楚地说明内容和原因，那就很难有效地落实考核指标。对约翰迪尔来说，这意味着它们应重视的不是已售机器的数量或服务带来的售后盈利能力，而是在各种作物层面对客户的生产力和盈利能力的影响，以及对稀缺资源的长期、可持续利用的影响。

随着工业机器实现跨界互联，隐私与安全成为格外重要的考核指标。工业企业必须赢得客户和合作伙伴的信任，而要做到这一点，它们必须保护好后者的数据，并证明自己能保证数据的安全。工业数据的隐私与安全保障会带来竞争优势。工业企业要持续跟踪故障并展示考核指标，以便赢得客户的信任。

量化有其局限性，因为量化无法发现那些意想不到的变化。融合性计分卡应该具备让利益相关方标注异常数据或弱信号的功能，以识别业务连续性风险。数字创新通常出现在这些交汇地带，而早发现有利于工业企业掌握先发优势。

考核指标要随之调整

以融合作为策略的焦点，这有利于工业企业在面对策略性战役的变化时，思考自身的转型，从融合性产品的提供商转变为融合性解决方案的提供商。它们必须根

第 3 部分
开拓融合边界

据考核指标来规划并改变。在市场或竞争对手发生变化后，有些参数能体现出当前的策略在受到挑战，以及其他融合性策略已具备可行性并可带来收益。在这种情况下，企业必须确保计分卡跟踪到这些参数。例如，随着约翰迪尔调整了发展路径，成为一家融合性企业，考核指标应随之调整，强调客户将约翰迪尔视为一家值得信赖的战略伙伴，而不是强调在不同地点运行的机器的数量。

・・・

约翰迪尔凭借其过去 25 年来稳步发展的技术栈，已经在融合性服务方面取得了长足进步。尽管梅近年来的各项行动让公司的发展愿景更加明确，但是约翰迪尔绝非数字工业转型方面的后来者。2022 年，公司的投资者说明会证明公司的技术栈已经沿着五个不同的层面发生变化：硬件和软件、导向、互联性和数字解决方案、自动化和自主性。假如我们从融合策略的基本原则出发去构建技术栈，我们将加强利用数据图谱和人工智能，加快从智能机器（约翰迪尔当前独特的市场地位）向融合性解决方案（其公开宣布的宏伟目标）的转型。未来几年间适时增添的这两个层面将有利于约翰迪尔在2037年成为关注的焦点。我们的主张简单可行，适用于每家工业企业：要跳出让机器自主运行的思维定式，打造一个能传输数据的机器网络，将数据导入强大的人工智能算法，从而形成语境相关的规范，释放那些至今仍潜藏着的重大价值。

沿着融合之路迈步向前

重资产工业企业的CEO必须认识到，现在正是把握数字化转型机遇的时候：卓越机器之争、交付卓越成果的竞赛、智能系统的终极对决以及定制化解决方案之争。随着时间的推移，这些战场会在不同行业内发生变化，但是它们都会给工业企业带来机遇，让它们获得应得的一份价值。企业领导者必须培养这样一种能力：识别那些能表明不同战场的相对优势的信号，了解竞争性举措和技术发展，采取果断行动，以便在不断变化的融合格局中获取竞争优势。

在卓越机器之争中，要认识到数字优先的架构最终

第3部分
开拓融合边界

会取得成功。当你调整自己在先进技术的融合方面的投资，以期提升产品的性能和能力时，要确保你的路线图考虑到了这一点。

在交付卓越成果的竞赛中，要专注于将自己的企业深度整合到客户运营中，利用数据和分析来驱动业务卓越和客户的盈利能力。在此过程中，缺乏深厚专业知识的对手不可能取代你。

通过决定你在互联生态系统中的作用以及积极地建构并管理这些系统内的数据流，可有效地应对这场智能系统的终极对决。你还必须在智能系统的形式发生变化时调整自己公司的角色。

最后，在不同的定制化解决方案发生冲突时，要让你的组织掌握生成式人工智能和深厚的领域专业知识，从而推出能实时满足客户需求的定制化产品。

决定性的时刻已经到来。数据和人工智能并不代表明天的机遇，而是今天的挑战。我们在与工业企业CEO的对话中，发现了一条共同线索：他们深知，数字技术无疑将颠覆并重构竞争格局。他们认识到，必须更多地关注数据和人工智能，打造数字优先的企业。这一点已经在董事会会议上形成共识。唯一的分歧体现在配置的时机和速度上：能在多短的时间内放弃过去的能力，打造未来的新能力？能在多短的时间内放弃那些可能对未来并不重要的关系？能在多短的时间内完成人才队伍的重建？

CEO 必须立刻应对并解决这些问题。表 9-1 总结了"未来策略"（融合方法）在哪些方面与"当前策略"（传统方法）存在明显的不同。融合未来并不是工业过去的一种线性外推。今天的核心能力不足以保障企业赢得未来。

表 9-1 "当前策略"与"未来策略"的区别

类别	当前策略（传统方法）	未来策略（融合方法）
增长动力	线性、渐进、在行业边界内	非线性、指数性、跨越行业边界
竞争格局	拥有类似商业模式的熟悉的竞争对手，均专注于设计和交付产品	具有新能力的数字原住民专注于使用的产品
规模和效率	实物资产；基于生产的规模	信息资产；基于数据的规模
范围扩大	产品和市场的外延；通过并购实现垂直整合	数据图谱赋予的能力；通过数据整合和合作实现虚拟整合
对客户的洞察	专项调查；运营提升；仅限于销售点的洞察	实时观察；差异化竞争；与客户成果相关联的洞察
网络效应	直接和间接网络效应	数据网络效应
数据和人工智能策略	提升效率、独立的数据库、记录系统、参与；以公司为中心；专注于单个公司；人工智能助力提升运营效果	实时洞察、集成的数据库、数据图谱系统；以网络为中心；专注于公司及其合作伙伴和客户构成的生态系统；运用人工智能实现差异化策略

第 3 部分
开拓融合边界

曾经成功的企业逐渐走向末路,因为它们在自己擅长的领域投入过多,但在自己未来需要擅长的领域投入不足。融合未来使这种挑战变得越发严峻,迫使你不得不行动起来。达·芬奇的这段话可能会给我们一些启示:"我已铭记行动之迫切性,知道还不够,我们必须应用;愿意还不够,我们必须行动。"

附录　有关学术基础和行动呼吁的说明

两位作者的协作本身就是融合的例证。戈文达拉扬对策略和创新有着浓厚的兴趣，而文卡塔拉曼长期以来一直设法将数字转化为驱动价值创造的主要力量。这两种看似不同的兴趣巧妙结合，成就了这本著作。

有关策略和信息技术的学术研究历来都是各自为政。研究策略的学者在经济模型和行为研究的指引下，将信息系统和技术视为职能部门层面的战术，仅仅是为了回应更高层面对企业范围（企业的投资组合中包含什么）以及经营策略（在特定业务中如何开展竞争）的选择。

20 世纪 80 年代，哈佛大学和麻省理工学院的一些

附录
有关学术基础和行动呼吁的说明

学者认识到了信息技术的强大作用。文卡塔拉曼很幸运，他在麻省理工学院的斯隆管理学院开始了自己的策略研究工作。20世纪80年代中期，他应邀参与了一项具有前瞻性的研究项目。该项目关注的首要问题是：企业如何利用强大的信息技术来完成自我转型？这一切对我们熟知的管理学科来说意味着什么？[1]

当时，数字设备公司刚开始凭借自己的微型机对IBM在大型机领域的优势发起挑战。然而，这不过是数字技术发展的初期。在专业人员看来，最强大的硬件是IBM的个人电脑，而功能最全的软件程序（"杀手级应用"）是马萨诸塞州剑桥地区的一家初创公司开发的Lotus 1-2-3。迈克尔·波特1985年在《哈佛商业评论》上发表了一篇题为《信息技术如何让你获得竞争优势》的文章。这篇文章很有预见性，早在数据和人工智能成为焦点之前，就已看到了它们的重要性。[2] 当时，硅谷还在遥远的轨道上运行。1989年，欧洲核子研究中心的蒂姆·伯纳斯·李写下了他那段有关建构网络的著名备忘录。[3]

20世纪90年代，这一切都开始变化。有必要利用甲骨文、思爱普和微软开发的强大的企业系统，重新设计商业流程并改造企业。诚然，这些系统需要大量的财力、

附录
有关学术基础和行动呼吁的说明

人力和管理时间。但关键是要让企业提高执行特定策略的效率,而不是改变企业打造竞争优势的方式。有关竞争的场合与方式的策略会与传统的节奏保持一致。1993年,文卡塔拉曼和他的一位同事在《IBM系统》杂志上刊发的一篇文章,在1999年被赞为一个转折点,改变了在解决如何尽快实现商业与信息技术匹配这一问题上的思维方式。[4]

网络浏览器的问世、互联网的迅猛发展以及互联网初创企业的出现改变了人们对数字技术强大作用的认知和理解。学者开始注意到并着手探讨初创企业如何通过数据(谷歌在广告领域)、脱媒(亚马逊在零售领域)和颠覆(奈飞在媒体领域)来挑战老牌企业。这些并不是提高效率的举措,而是利用强大的数字技术的颠覆性创业理念。研究营销的学者开始探讨市场空间和长尾的作用,将它们作为实现优势的新概念。在互联网发展最繁荣的时期,文卡塔拉曼在《MIT斯隆管理评论》上刊发了一篇文章,重点研究的是老牌企业如何利用互联网维护核心活动、设计全新活动,而这一核心主题也体现在戈文达拉扬提出的战略性创新的三盒解决方案中。[5]

随着网络的发展与成熟,苹果在2007年推出了iPhone,

附录
有关学术基础和行动呼吁的说明

谷歌随后推出了安卓操作系统，各种可能的全新商业模式迅速发展起来。研究经济学和策略的学者对多边平台可能发挥的作用进行了构思，想要彻底改变现状。[6] 亚马逊、YouTube、优步、爱彼迎、Facebook、Instagram 以及其他企业证明了新的商业模式会催生出创造并获取价值的新方式。理论和实践说明了这种模式如何在多边市场中发挥作用，往往通过一方补偿另一方的方法来发挥网络效应，在无所有权的情况下扩张规模，同时吸引各种合作伙伴参与并发挥快速反馈效应的作用。过去十年来，不同商业子领域的学者发现了在理解平台商业模式的作用和益处方面的共同点，包括生态系统以及互补者的作用。[7]

数字平台主要在轻资产场景下运行，但通过将传统的人工制品（即产品）转化为更新的东西（例如围绕产品开展的服务），数字平台可能会威胁到重资产行业。优步和爱彼迎就是这样的例子。而且，学者们意识到，即使没有平台商业模式，很多工业场景也可能会被数字技术轻松地颠覆和改变。信息系统领域认识到数字商业策略的出现是 2013 年的一个基本主题。当时，《管理信息系统季刊》的编辑们宣布，是时候考虑信息技术策略与商

附录
有关学术基础和行动呼吁的说明

业策略之间的融合了。[8] 他们认为，数字的影响是跨部门的，而且不应把数字视为网络、数据库或企业系统这样的渐进式技术，而应把技术视为组织资源（这一看法与公司的资源基础观一致，为研究策略的学者所熟知）。他们还认为，数字技术对经营业绩的影响不仅仅体现在提高效率上。但是，人们希望的两个学科之间的融合并没有成为现实。然而，有不少图书和文章面向的是专业人员，依据的是影响颇广的融合观。它们要求策略分析师认识到数字技术具有的颠覆性的力量。[9]

2008 至 2009 年间，戈文达拉扬在担任通用电气首位常驻教授兼首席创新顾问，他目睹了数字技术如何改造工业企业。当时，通用电气才刚刚开始探索如何利用工业互联网创造客户价值。[10]

现在是 21 世纪第三个十年。我们见证了数字技术对全球各个行业和企业的影响。那些资本密集型公司中的领军企业已经包含苹果、微软、Alphabet、亚马逊、Meta、英伟达和特斯拉。借助生成式人工智能，它们正在进行自我改造并对那些可能无法掌握新技术的公司发起挑战。随着每个行业的快速数字化，这些企业成了规则的制定者。

附录
有关学术基础和行动呼吁的说明

令人遗憾的是,很多商学院不断地在不同的院系内安排数字和策略方面的教员,而不同职能部门在研究方面鲜有合作,人为地造成了部门间的割裂。这一点可能也体现在各个研究领域的顶级学术期刊缺乏联系上。如果没有一种连贯的研究基础去发现数字技术在我们生活各个方面的渗透度,那么不断地研究公司如何运行以及管理人员如何发挥领导作用就会毫无意义。

在研究产品创新时,仅考虑工程和技术管理,而忽视计算和算法的重要性,这种做法是短视的。目前,几乎每个产品都是数字产品或者与其他产品相连。这些产品的架构有可能像技术栈,而非模拟栈。在分析提供客户服务价值时,仅研究市场营销,而不考虑它在多大程度上依赖数字架构,也不考虑它对其他组织功能的影响和对更大的商业生态系统的潜在影响,这显然是不够的。研究供应链配置时,不考虑物联网和工业 4.0 如何驱动供应链创新以及预示全球性公司地理布局的更大变化,这也是不够的。在未来十年间,生成式人工智能有望在很大程度上影响全球经济。在这种情况下,要是认为数据和人工智能只会影响"高科技行业",是短视的。[11] 如果学者不考虑数字时代的主要资源,即无形资产,那么在

附录
有关学术基础和行动呼吁的说明

做出战略决策前进行的财务分析会误导人，甚至大错特错。应将组织学习重新界定为经机器学习强化的人类智慧。以往，公司使用各种策略来管理信息技术，以达到提高效率的目的。可这些策略无法与使用专注于创造力的生成式人工智能系统产生同样的效果。

我们两个人都熟知的策略领域一直以来依托的是不同学科方向的学者们深入的实地研究：克里斯·阿吉里斯的组织学习角度；迈克尔·波特的经济角度；保罗·劳伦斯和杰伊·洛尔施使用的组织理论方法；C.K.普拉哈拉德的资源及能力视角；克莱顿·克里斯坦森的颠覆性创新视角等。这些学者对通用汽车、通用电气、IBM、西屋、柯达、惠普、本田、索尼和卡特彼勒这样传奇性的公司开展了长达数年的案例分析。一代又一代的学生接受了这些学术权威的思想的教诲。

现在，我们处在这样一个时代：一批全新的数字原生公司正在编写新的策略，而工业企业正在经历快速的变化，进行自我调整和改造。这个历史性时刻需要企业在策略研究的方法上进行创新。我们希望这种创新会摆脱那些陈旧理论、模型和假设的桎梏。上述理论、模型和假设的基础是（当然不会受制于）狭义的理论或通过精

附录
有关学术基础和行动呼吁的说明

致的模型和数学证据来提供普遍真理的需要。有一条富有成效的路径是描述并分析一些经过精心设计的案例研究，涉及未来引领实践的企业及其从传统向数字的转型。这一点类似于阿吉里斯、劳伦斯、波特以及我们前面提到的学术权威的研究方法。

戈文达拉扬有幸在 2016 年遇到了马斯克。当时，这位创新者将自己的愿景描述为设计出的汽车如同一台安装在四个轮子上、实现了云连接的计算机。从内燃机到电动汽车，再到自动驾驶汽车，这是一种范式转移。戈文达拉扬最初接触通用电气以及之后邂逅马斯克，这段经历让他深信，决定竞争优势的法则已经发生了变化——得到回报的是那些拥有最强大的实时洞察力的公司，而不是那些拥有最有价值的实物资产的公司。我们在十多个工业企业开展了深入的现场研究。这些研究强化了我们的认识：融合性未来并不是工业历史的一种线性外推。融合代表着根本性的转变。竞争格局、所需能力以及创造价值的过程都发生了变化，而且出现了全新的生态系统。参考一下表 9-1。该表总结了融合方法在哪些方面与传统方法存在明显的差异。

我们处在工业领域数字化进程的起步阶段，因此工

附录
有关学术基础和行动呼吁的说明

业领域是未来研究的一方沃土。作为人工智能发展进程的下一个拐点,生成式人工智能将会使融合策略的效果大增。生成式人工智能有能力生成复杂的设计,从多模态数据中获取洞察和趋势,对不断变化的状况做出积极回应,处理含糊且不完整的数据。它专门被用来改变工业领域的竞争逻辑。新出现的商业格局——工业企业面对的融合性未来——要求学者们提出全新的方法,获得下一代策略洞察。

在撰写本书时,我们回顾了那个在20世纪80年代中期学者们探讨的问题。我们在此重提这个问题,不过措辞做了小幅但重要的改动:

企业如何利用强大的数字技术来完成自我改造?这对我们熟知的管理学科会造成什么影响?

人们不再怀疑数字技术会影响企业。唯一不确定的是这个过程的广度(规模和范围)与速度。还有一点不言自明,就是数字,尤其是数据和人工智能,将影响管理学科,就像数字已经开始影响物理学、社会学及工程学的不同分支一样。

在与企业合作的过程中,我们呼吁它们勇于创新并

附录
有关学术基础和行动呼吁的说明

彻底改造自我。要是我们不呼吁学术界也这样做，那就是我们不负责任了。尤其是现在，我们清楚，很多观点必须经过重新审视，有几个观点要选择性地遗忘（本着三盒解决方案的原则）。对于工业时代构思并使用数据进行验证的理论和研究成果，公司应在努力适应融合性未来的过程中，对这些理论和研究成果进行修改并使用数据进行验证。现在该是将两个学术领域——策略和数字——融合成一个不可分割的整体的时候了。

注　释

第 1 章

1. 小艾尔弗雷德·钱德勒的经典著作《规模与范围：工业资本主义的原动力》仍在强调学术圈和实践圈的战略思维。
2. 我们使用"数字"一词，是指那些在 20 世纪晚期和 21 世纪初期创立的数字原生公司。这些公司并没有成长于 20 世纪中晚期的那些工业企业的条条框框。我们使用的"工业"（相对于"数字"）和"工业企业"两个词语可互换使用。
3. 麦肯锡，元宇宙是什么？麦肯锡，2022 年 8 月 17 日，https://www.mckinsey.com/featured-insights/mckinsey-explainers/what-is-the-metaverse。据麦肯锡估算，到 2030 年，元宇宙会使预期的国民生产总值增加 5 万亿美元或者提高 2% 至 3%。我们认为，根据工业部门的实际变化，增长下限是 1%。
4. Mark Harris,"Tesla's Autopilot Depends on a Deluge of Data,"

注　释

IEEE Spectrum, August 4, 2022, https://spectrum.ieee.org/tesla-autopilot-data-deluge.

5. 我们的依据是我们在《哈佛商业评论》上发表的文章《下一代数字大优势》(2022年5月—6月)。该文章介绍了我们对于数据图谱的观点。

6. Don Reisinger, "All Companies Should Live by the Jeff Bezos 70 Percent Rule," Inc., June 27, 2020, https://www.inc.com/don-reisinger/all-companies-should-live-by-jeff-bezos-70-percent-rule.html.

第 2 章

1. Bill Ready, "Working with Merchants to Give You More Ways to Shop," The Keyword, May 18, 2021, https://blog.google/products/shopping/more-ways-to-shop.

2. 如需了解谷歌购物图谱的最新概况，可参照 Randy Rockinson, "4 Ways Google's Shopping Graph Helps You Find What You Want," The Keyword, February 7, 2023, https://blog.google/products/shopping/shopping-graph-explained.

3. "Data Is the New Gold. This Is How It Can Benefit Everyone—While HarmingNo One," World Economic Forum, July 29, 2020, https://www.weforum.org/agenda/2020/07/new-paradigm-business-data-digital-economy-benefits-privacy-digitalization.

4. 如需了解概况，可参阅 Albert-László Barabási's book *Linked: The New Science of Networks* (New York: Basic Books, 2014); Sangeet Paul Choudary, "The Rise of Social Graphs for Businesses," hbr.org,

February 2, 2015, https://hbr.org/2015/02/the-rise-of-social-graphs-for-businesses.

5. "From Discovery to Checkout: Shopify and Google Deepen Commerce Collaboration," Shopify, May 27, 2021, https://news.shopify.com/from-discovery-to-checkout-shopify-and-google-deepen-commerce-collaboration.

6. "Satya Nadella Email to LinkedIn Employees on Acquisition," Microsoft News Center, June 13, 2016, https://news.microsoft.com/2016/06/13/satya-nadella-email-to-linkedin-employees-on-acquisition/.

7. 如需了解 Microsoft Graph 的更多详情，可参照 "Overview of Microsoft Graph," Microsoft, March 15, 2023, https://learn.microsoft.com/en-us/graph/overview.

8. Amit Singhal, "Introducing the Knowledge Graph: Things, Not Strings," The Keyword, May 16, 2012, https://blog.google/products/search/introducing-knowledge-graph-things-not.

9. "WPP Partners with Nvidia to Build Generative AI-EnabledContent Engine for Digital Advertising," Nvidia Newsroom, May 28, 2023, https://nvidianews.nvidia.com/news/wpp-partners-with-nvidia-to-build-generative-ai-enabled-content-engine-for-digital-advertising.

第 3 章

1. 如需了解工业 4.0 的基本情况，可参照 "Fourth Industrial Revolution,"

注　释

World Economic Forum, accessed October 17, 2023, https://www.weforum.org/focus/fourth-industrial-revolution.

2. "Our Leadership Team: John C. May," John Deere, accessed October 16, 2023, https://www.deere.com/en/our-company/leadership/may-john-c/.

3. 如需了解大众"新汽车"战略的更多详情，可参照"Volkswagen Focuses Development for Autonomous Driving," Volkswagen Group News, October 26, 2022, https://www.volkswagen-newsroom.com/en/press-releases/volkswagen-focuses-development-for-autonomous-driving-15271.

4. 例如，"The Economic Potential of Generative AI: The Next Productivity Frontier," McKinsey Digital, June 14, 2023, https://www.mckinsey.com/capabilities/mckinsey-digital/our-insights/the-economic-potential-of-generative-ai-the-next-productivity-frontier#business -value.

5. 如需了解彭博社的声明，可参照"Introducing BloombergGPT, Bloomberg's 50-Billion Parameter Large Language Model, Purpose-Built from Scratch for Finance," Bloomberg, March 30, 2023, https://www.bloomberg.com/company/press/bloomberggpt-50-billion-parameter-llm-tuned-finance.For those interested in the detailed academic article, see https://arxiv.org/abs/2303.17564.

6. Sal Khan, "Harnessing GPT-4 So That All Students Benefit. A Nonprofit Approach for Equal Access," Khan Academy, March 14, 2023, https://blog. khanacademy.org/harnessing-ai-so-that-all-

students-benefit-a-nonprofit-approach-for-equal-access.

7. 如需了解 R^2 数据实验室的基本情况，可访问"Digital-First Culture," Rolls-Royce, accessed October 17, 2023, https://www.rolls-royce.com/innovation/digital/r2-data-labs.aspx.

8. 如需了解奈飞如何将其本体作为推荐系统的关键部分，可查阅"Recommendations: Figuring Out How to Bring Unique Joy to Each Member," Netflix Research, accessed October 17, 2023, https://research.netflix.com/research-area/recommendations.

9. 如需了解爱彼迎如何建立其知识图谱，可参照 Xiaoya Wei, "Contextualizing Airbnb by Building Knowledge Graph," Medium, January 29, 2019, https://medium.com/airbnb-engineering/contextualizing-airbnb-by-building-knowledge-graph-b7077e268d5a.

10. 如需了解优步如何利用数据图谱来完善运营并提供差异化服务，可参照 Ankit Jain et al., "Food Discovery with Uber Eats: Using Graph Learning to Power Recommendations," Uber Blog, December 4, 2019, https://www.uber.com/blog/uber-eats-graph-learning.

11. 如需了解西门子工业知识图谱的应用案例，可参照 Thomas Hubauer, "Use Cases of the Industrial Knowledge Graph at Siemans," *International Workshop on the Semantic Web* (2018), https://ceur-ws.org/Vol-2180/paper-86.pdf; for an overview of knowledge graphs at Bosch, see Sebastian Monka et al., "Learning Visual Models Using a Knowledge Graph as a Trainer," Bosch Research Blog, July 28, 2022, https://www.bosch.com/stories/

注　释

knowledge-drivenmachine-learning; for more on how Rolls-Royce taps into knowledge graphs and AI, see "Tapping AI Technologies to Create Solutions of Tomorrow," Rolls-Royce, accessed October 17, 2023, https://www.rolls-royce.com/country-sites/sea/discover/2021/tapping-ai-technologies-to-create-solutions-of-tomorrow.aspx.

12. 如需了解应用领域的更多详情，可参照 for instance, "Generative AI," BCG, accessed October 17, 2023, https://www.bcg.com/capabilities/artificial-intelligence/generative-ai.

13. Elliott Grant, "Machine Learning Is Imperfect. That's Why It's Ideal for Agriculture," Mineral, April 27, 2023, https://mineral.ai/blog/machine-learning-is-imperfect-thats-why-its-ideal-for-agriculture.

第 4 章

1. 迈克尔·波特的三种基本战略自 20 世纪 80 年代以来一直是最重要的战略框架。

2. "Data, Insights and Action," Rolls-Royce, https://www.rolls-royce.com/country-sites/india/discover/2018/data-insight-action-latest.aspx.

3. "GE Aviation: Soaring Apart from Competition with Data Analytics," HarvardBusiness School Digital Initiative, Technology and Operations Management, MBA Student Perspectives, November 15, 2017, https://d3.harvard.edu/platform-rctom/submission/ge-aviation-soaring-apart-

from-competition-with-data-analytics.

4. "Introducing Yocova," Rolls-Royce, February 10, 2020, https://www.rolls-royce.com/media/press-releases/2020/10-02-2020-intelligentengine-introducing-yocova-a-new-digital-platform-designed.aspx.

5. Marc Andreessen, "Why Software Is Eating the World," Andreessen Horowitz, August 20, 2011, https://a16z.com/2011/08/20/why-software-is-eating-the-world.

6. Marc Andreessen, "It's Time to Build," Andreessen Horowitz, April 18, 2020, https://a16z.com/2020/04/18/its-time-to-build.

第 5 章

1. "Master Plan Part 3," Tesla, April 5, 2023, https://www.tesla.com/ns_videos/Tesla-Master-Plan-Part-3.pdf.

2. Brandon Bernicky, Twitter post, November 12, 2019, https://twitter.com/brandonbernicky/status/1194444012494761989.

3. 如需了解 Waymo 培养这种司机的方式，可参照 Dmitri Dolgov, "How We've Built the World's Most Experienced Urban Driver," Waymo, August 19, 2021, https://waymo.com/blog/2021/08/MostExperiencedUrbanDriver.html.

4. "Mercedes-Benz and Nvidia: Software-Defined Computing Architecture for Automated Driving Across Future Fleet," Mercedes-Benz Group, June 23, 2020, https://group.mercedes-benz.com/innovation/product-innovation/autonomous-driving/mercedes-benz-and-nvidia-plan-

注　释

cooperation.html.

5. Angus MacKenzie, "Mercedes-Benz CEO Ola Källenius on EVs Reinventing the Three-Pointed Star," *MotorTrend*, July 26, 2023, https://www.motortrend.com/features/mercedes-benz-ceo-ola-kallenius-2023-ev-interview.

6. "FIAT Metaverse Store, the World's First Metaverse-Powered Showroom, a Revolution in Customer Experience," Stellantis, December 1, 2022, https://www.media.stellantis.com/em-en/fiat/press/fiat-metaverse-store-the-world-s-first-metaverse-powered-showroom-a-revolution-in-customer-experience.

7. "Toyota Research Institute Unveils New Generative AI Technique for Vehicle Design," Toyota Newsroom, June 20, 2023, https://pressroom.toyota.com/toyota-research-institute-unveils-new-generative-ai-technique-for-vehicle-design.

8. Jeff Immelt, "Digital Change Is Hard for Industrial Companies," LinkedIn, March 12, 2019, https://www.linkedin.com/pulse/digital-change-hard-industrial-companies-jeff-immelt.

9. 如需了解特斯拉如何收集并分析这些数据的更多详情，可参照 Mark Harris, "The Radical Scope of Tesla's Data Hoard," *IEEE Spectrum*, August 3, 2022, https://spectrum.ieee.org/tesla-autopilot-data-scope.

10. 这个口头术语由沃德·坎宁安提出，并于 2016 年在德国举办的研讨会上被正式确定为术语。在此次研讨会上，该术语由学术和行业专家做出如下定义："在软件密集型系统中，技术债务是指在短期内可作应急之用的一系列设计或实施结构，但这种结构建立的技术环境要么提高了未来技术变革的成本，要么使未来的技术变革无法实施。技术债务是一种实际或或有负债，其影响仅限于内部系统质量，主要是可维护性和可进化性。"

11. "Toyota Blockchain Lab, Accelerating Blockchain Technology Initiatives and External Collaboration," Toyota Newsroom, March 16, 2020, https://global.toyota/en/newsroom/corporate/31827481.html.

第 6 章

1. Lora Kolodny, "Deere Is Paying Over $300 Million for a Start-up That Makes 'See-and-Spray' Robots," CNBC, September 6, 2017, https://www.cnbc.com/2017/09/06/deere-is-acquiring-blue-river-technology-for-305-million.html.

2. "Sustainability at John Deere," John Deere, accessed July 23, 2023, https://www.deere.com/en/our-company/sustainability.

3. Deere & Company, "Deere to Advance Machine Learning Capabilities in Acquisition of Blue River Technology," September 6, 2017, https://www.prnewswire.com/news-releases/deere-to-advance-machine-learning-capabilities-in-acquisition-of-blue-river-technology-300514879.html.

4. Deere & Company, "Focused on Unlocking Customer Value, Deere Announces New Operating Model," June 17, 2020, https://www.

prnewswire.com/news-releases/focused-on-unlocking-customer-value-deere-announces-new-operating-model-301078608.html.

5. "CNH Industrial to Acquire Raven Industries, Enhancing Precision Agriculture Capabilities and Scale," CNH Industrial Newsroom, June 21, 2021, https://media.cnhindustrial.com/EMEA/CNH-INDUSTRIAL-CORPORATE/cnh-industrial-to-acquire-raven-industries--enhancing-precision-agriculture-capabilities-and-scale/s/8cd082be-4e36-44f0-a6ea-bfe897740e79.

6. Rob Bland et al., "Trends Driving Automation on the Farm," McKinsey & Company, May 31, 2023, https://www.mckinsey.com/industries/agriculture/our-insights/trends-driving-automation-on-the-farm.

7. Brandon Webber, "Digital Agriculture: Improving Profitability," Accenture, August 28, 2020, https://www.accenture.com/us-en/insights/interactive/agriculture-solutions.

8. Shane Bryan et al., "Creating Value in Digital-FarmingSolutions," McKinsey & Company, October 20, 2020, https://www.mckinsey.com/industries/agriculture/our-insights/creating-value-in-digital-farming-solutions.

9. These insights are taken from our discussions with GE executives.

10. "Intelligent Machines, Empowered People," ABB Newsroom, May 31, 2021, https://new.abb.com/news/detail/78740/intelligent-machines-empowered-people.

注　释

第 7 章

1. Juan Pedro Tomás, "How Honeywell Helped the Burj Khalifa Become a Smart Building," RCR Wireless News, May 14, 2018, https://www.rcrwireless.com/20180514/internet-of-things/burj-khalifa-smart-building.

2. Matt Bereman et al., "Building Products in the Digital Age: It's Hard to 'Get Smart,'" McKinsey & Company, June 6, 2022, https://www.mckinsey.com/industries/engineering-construction-and-building-materials/our-insights/building-products-in-the-digital-age-its-hard-to-get-smart.

3. "The Last Gap in Industrial Digitization—the Deskless Worker," Honeywell Forge, accessed July 21, 2023, https://www.honeywellforge.ai/us/en/article/how-connectivity-helps-the-deskless-worker.

4. Martin Casado and Peter Lauten, "The Empty Promise of Data Moats," Andreessen Horowitz, May 9, 2019, https://a16z.com/2019/05/09/data-network-effects-moats.

5. John Hunter, "Ackoff on Systems Thinking and Management," W. Edwards Deming Institute, September 2, 2019, https://deming.org/ackoff-on-systems-thinking-and-management.

6. 如需了解有关动态的生态系统内编曲家与参与者的角色的更多详情，可参照 chapter 6 of Venkat Venkatraman's book TheDigital Matrix: New Rules for Business Transformation through Technology (Los

注　释

Angeles: LifeTree Media, 2017).

7. See, for instance, the ideas proposed by Andreessen Horowitz in Zeya Yangand Kristina Shen, "For B2B Generative AI Apps, Is Less More?" March 30, 2023, https://a16z.com/2023/03/30/b2b-generative-ai-synthai, and Matt Bornstein and Rajko Radovanovic, "Emerging Architectures for LLM Applications," June 20, 2023, https://a16z.com/2023/06/20/emerging-architectures-for-llm-applications.We expect to see more-powerful domain-specific models to allow for fusion systems to emerge in multiple settings.

8. 如需了解数字农业和再生农业的背景信息，可参照 John Foley, "How Digital Technologies Can Bring Greater Scale to Regenerative Farming," Sygenta Group, February 2021, https://www.syngentagroup.com/en/how-digital-technologies-can-bring-greater-scale-regenerative-farming.For more on the importance of ecosystems to make it work, see Tania Strauss and Pooja Chhabria, "What Is Regenerative Agriculture and How Can It Help Us Get to Net-Zero Food Systems. 3 Industry Leaders Explain," World Economic Forum, December 19, 2022, https://www.weforum.org/agenda/2022/12/3-industry-leaders-on-achieving-net-zero-goals-with-regenerative-agriculture-practices.

9. "Honeywell Teams Up with Microsoft to Reshape the Industrial Workplace," Microsoft News Center, October 22, 2020, https://news.microsoft.com/2020/10/22/honeywell-teams-up-with-microsoft-to-reshape-the-industrial-workplace; "Honeywell, SAP Launch

Connected Buildings Solution to Help Operators Make Smarter Real Estate Decisions," Honeywell, May 19, 2021, https://www.honeywell.com/us/en/press/2021/05/honeywell-sap-launch-connected-buildings-solution-to-help-operators-make-smarter-real-estate-decisions.

10. 特斯拉声明中的开场白：昨天，在我们位于帕罗阿托的大厅内，一面墙上都是特斯拉的专利。可现在已经不是这样了。为了响应开源运动，这些专利已经从墙上撤下，为的是推动电动汽车技术的发展。(see Elon Musk, "All Our Patent Are Belong to You, Tesla, June 12, 2014, https://www.tesla.com/blog/all-our-patent-are-belong-you).

11. Gil Appel, Juliana Neelbauer, and David A. Schweidel, "Generative AI Has an Intellectual Property Problem," hbr.org, April 17, 2023, https://hbr.org/2023/04/generative-ai-has-an-intellectual-property-problem.

12. R. V. Guha, "Data Commons: Making Sustainability Data Accessible," The Keyword, April 21, 2022, https://blog.google/outreach-initiatives/sustainability/data-commons-sustainability.

13. 例如，可参照本文总结的启示：Robert L. Grossman, "Ten Lessons for Data Sharing with a Data Commons," *Scientific Data* 10, no. 120 (2023), https://www.nature.com/articles/s41597-023-02029-x.

第 8 章

1. Shelby Myers, "Analyzing Farm Inputs: The Cost to Farms Keeps Rising," American Farm Bureau Federation, March 17, 2022,

注　释

https://www.fb.org/market-intel/analyzing-farm-inputs-the-cost-to-farm-keeps-rising.

2. "The Cash-less Amazon Go Store," Vested Finance, accessed October 17, 2023, https://vestedfinance.com/in/blog/the-cashier-less-amazon-go-store/.

3. "Digital Engineering and Manufacturing," Accenture, accessed April 7, 2023, https://www.accenture.com/us-en/insights/industry-x-index.

4. "Mineral," X—the Moonshot Factory, accessed April 7, 2023, https://x.company/projects/mineral.

第 9 章

1. "2023 Deere & Company at a Glance," John Deere, 2023, https://www.deere.com/assets/pdfs/common/our-company/deere-&-company-at-a-glance.pdf.

2. 约翰迪尔《2020 年度可持续发展报告》中提到的每英亩 40 美元的估算值仅适用于目前已经应用的八项技术。（如需了解更多详情，可参照 https://www.deere.com/assets/pdfs/common/our-company/sustainability/sustainability-report-2020.pdf.）预计约翰迪尔借助融合性未来有望在不同行业拥有超过 1 500 亿美元的潜在市场。

3. "2023 Deere & Company at a Glance."

4. "John Deere Technology and Innovation," John Deere, accessed October 17, 2023, https://www.deere.com/international/en/our-company/innovation/.

5. 该观点在维贾伊·戈文达拉扬已经出版的《精益创新》一书中进行了深入探讨。

6. 该观点有时被称作"阿玛拉定律"。该定律由未来学院前主席罗伊·阿玛拉提出。

7. 如需更多详情，可参照维贾伊·戈文达拉扬的著作《数字化转型的新规则》。该书认为公司应持续关注如何发现那些可能由强大的计算机器完成的活动，以便智能人力资源可专门用于人类与机器相互协作的领域，因为人类与机器独立工作时的效率更低。

8. In 2022 John Deere announced a request for proposals for satellite communications opportunities. See https://www.deere.com/en/news/all-news/john-deere-announces-request-for-proposals-for-satellite-communications-opportunity.

附录

1. Michael S. Scott Morton, ed., *The Corporation of the 1990s: Information Technology and Organizational Transformation* (New York: Oxford University Press, 1991). See also N. Venkatraman, "IT-Enabled Business Transformation: From Automation to Business Scope Redefinition," *MIT Sloan Management Review* 35, no. 2 (Winter 1994).

2. Michael E. Porter and Victor E. Millar, "How Information Gives You Competitive Advantage," *Harvard Business* Review, July 1985.

3. Tim Berners-Lee, "Information Management: A Proposal," March

注　释

1989, Word document, https://www.w3.org/History/1989/proposal.html.

4. John C. Henderson and H. Venkatraman, "Strategic Alignment: Leveraging Information Technology for Transforming Organizations," *IBM Systems Journal* 32, no. 1 (1993): 4-16. See also Irving Wladawsky-Berger, "Turning Points in Information Technology," *IBM Systems Journal* 38, nos. 2 and 3 (1999): 449-452.

5. N. Venkatraman, "Five Steps to a Dot-Com Strategy: How to Find Your Footing on the Web," *MIT Sloan Management Review* 41, no. 3 (Spring 2000): 15-28; Vijay Govindarajan and Chris Trimble, *Ten Rules for Strategic Innovators: From Idea to Execution* (Boston: Harvard Business School Press, 2005); Vijay Govindarajan, *The Three-Box Solution: A Strategy for Leading Innovation* (Boston: Harvard Business Review Press, 2016).

6. 如需了解平台基本情况，可参照 Geoffrey G. Parker, Marshall W. Van Alstyne, and Sangeet Paul Choudary, Platform Revolution: How Networked Markets Are Transforming the Economy—and How to Make Them Work for You (New York: W. W. Norton & Co., 2016) and Michael A. Cusumano, Annabelle Gawer, and David B. Yoffie, *The Business of Platforms: Strategy in the Age of Digital Competition, Innovation, and Power* (New York: Harper Business, 2019).

7. 如需了解有关生态系统的最新信息，可参照 Ron Adner, *Winning the Right Game: How to Disrupt, Defend, and Deliver in a Changing World* (Cambridge: MIT Press, 2021) and Mohan Subramaniam, *The Future of Competitive Strategy: Unleashing the Power of Data and Digital Ecosystems* (Cambridge: MIT Press, 2022).

8. Anandhi Bharadwaj et al., "Digital Business Strategy: Toward a Next Generation of Insights," *MIS Quarterly* 37, no. 2 (June 2013): 471-482.

9. Venkat Venkatraman, The *Digital Matrix: New Rules for Business Transformation through Technology* (Los Angeles: LifeTree Media, 2017); David L. Rogers, *The Digital Transformation Playbook: Rethink Your Business for the Digital Age* (New York: Columbia Business School Publishing, 2016); Sunil Gupta, *Driving Digital Strategy: A Guide to Reimagining Your Business* (Boston: Harvard Business Review Press, 2018); Marco Iansiti and Karim R. Lakhani, *Competing in the Age of AI: Strategy and Leadership When Algorithms and Networks Run the World* (Boston:Harvard Business Review Press, 2020); Robert Siegel, *The Brains and Brawn Company:How Leading Organizations Blend the Best of Digital and Physical* (New York:McGraw-Hill, 2021); Stephanie L. Woerner, Peter Weill, and Ina M. Sebastian, *Future Ready: The Four Pathways to Capturing Digital Value* (Boston: Harvard Business Review Press, 2022); Thomas H. Davenport and Nitin Mittal, *All-in on AI:How*

注　释

Smart Companies Win Big with Artificial Intelligence (Boston: Harvard Business Review Press, 2023).

10. Vijay Govindarajan and Jeffrey R. Immelt, "The Only Way Manufacturers Can Survive," *MIT Sloan Management Review* (Spring 2019).

11. Michael Chui et al., "The Economic Potential of Generative AI: The Next Productivity Frontier," McKinsey & Co., June 14, 2023.

致　　谢

我们两个都是商业策略分析师，在创新和转型两个专业领域可实现互补。自 20 世纪 80 年代中期开始，我们就一直关注着彼此的职业发展。五年前，我们携手创作本书。当时，戈文达拉扬已经出版了《精益创新》这本书，而且深信第三个盒子与数字有关。文卡塔拉曼一直以来在策略与数字的交叉领域（20 世纪 80 年代末以后，该领域被称作信息技术）从事研究和教学工作。他已经出版了《数字化决策》一书，而且深信每个公司都应尽早实现数字化，并与数字原生公司开展竞争。

我们在合作时很快形成共识，即人们仍然对数字在工业企业内的作用心存顾虑。我们认为，虽然很多书探

致　谢

讨过数字，而且数字化转型已成为陈词滥调，但目前急需一本书专门研究工业企业。对文卡塔拉曼这个机械工程师来说，这听起来倒是合理。他不再需要其他说服自己的理由了。

我们的合作因为几个共同的信念和价值观而变得更牢固。我们相信，商学院开展的最好的研究既要严谨，又要有用。我们受到一些观点的启发，但仍在努力找寻那些会产生影响的观点。我们希望这些观点都能促进理论的发展，也能更快地解决公司内管理人员面临的问题。最终，我们两个人都对本书中提到的核心研究问题产生了很大的兴趣：重资产的工业企业如何利用实时数据和人工智能来创造新价值？

如果没有很多人的鼎力相助，我们就无法顺利写完这本书。

数家公司忙碌的首席执行官、首席运营官、首席数据官以及首席信息官分享了自己的想法和观点，他们来自福特、都福、丹纳赫、梅赛德斯-奔驰、约翰迪尔、大疆创新、通用电气、通用汽车、霍尼韦尔、马恒达、罗尔斯-罗伊斯、三星、西门子、骊住、TVS电机和惠而浦。

致　谢

如此规模和范围的项目自然离不开各种资源。戈文达拉扬感谢达特茅斯学院塔克商学院院长马特·斯劳特提供的慷慨的资金支持。文卡塔拉曼感谢波士顿大学奎斯特罗姆商学院院长苏珊·傅立叶以及 David J. McGrath Jr. 教授职位提供的资金支持。

本书有幸拥有一支非常出色的编辑团队。阿南德·拉曼全力以赴，帮助我们调整了自己的研究，并且在采访各位高管时一直聚焦关键问题，发挥了重要作用。在哈佛商业评论出版社，我们有幸与凯文·埃弗斯共事。他完善了我们的论点，使本书质量有了质的飞跃。

戈文达拉扬：我要感谢我的家人。我的妻子基尔蒂也是我最好的朋友。她一直都是我最敏锐的批评者，也是我最强大的维护者。我的两个女儿塔鲁尼亚和派西，以及两个女婿亚当·斯特平斯基和迈克尔·米兰迪都是数字达人，每次与他们谈话，我对数实融合战略的思考都会更深一步。我真诚地感谢他们的善良、同情心和关爱。没有他们不断的鼓励和支持，我在这本书上投入的那么多时间就不会有丰硕的成果。

文卡塔拉曼：一本书的出版过程会影响家庭生活。

致　谢

我要向我的爱妻米拉表达真诚的谢意，感谢她在我完成这本书的过程中一直给予的鼓励。她深知，对我这个已经转型为数字策略研究人员的工程师来说，这个话题的重要性不言而喻。

最后，我们二人想感谢各位读者，谢谢大家阅读此书。我们希望你们能从《数实融合》这本书的洞察中获得灵感，加快你们的组织的转型之路，从而在融合性未来中取得成功。

关于作者

维贾伊·戈文达拉扬是一位享有盛誉的世界顶尖的战略与创新专家。他是达特茅斯学院塔克商学院考克斯杰出教授和硅谷孵化企业 Mach 49 教员合伙人,曾任哈佛商学院马文·鲍尔研究员、欧洲工商管理学院研究员和印度管理学院(艾哈迈达巴德)研究员。

戈文达拉扬被以下知名的出版物评为领先的管理思想家。《商业周刊》将他评为"企业高管教育领域十佳商学院教授",该杂志发布的《最佳商学院指南》将他评为"杰出教员";《福布斯》将他评为"五个最受尊重的高管策略教练";《经济学人》称他为"正在崛起的巨星";MBA 学生投票选他为"年度杰出教师"。2011 年,戈文

关于作者

达拉扬被 Thinkers50 评为全球排名第三的管理思想家，并获得了"突破性创意奖"。2019 年，他入选 Thinkers50 名人堂，并凭借他在创新理解方面的杰出贡献获得了"创新奖"。戈文达拉扬是为数不多获得过 Thinkers50 两个类别"杰出成就奖"的学者。

他是极少数在顶级学术期刊上发表超过 25 篇论文并在知名的从业者期刊上发表超 25 篇论文的学者。在担任通用电气首位常驻教授兼首席创新顾问期间，他与时任 CEO 杰夫里·伊梅尔特合作，在《哈佛商业评论》上发表了一篇论文《通用电气公司的自我颠覆》。他们在文中提出了"逆向创新"这个概念。在 2012 年 11 月的《哈佛商业评论》上，逆向创新被选为过去一个世纪以来管理领域的伟大时刻之一。戈文达拉扬的两篇论文（即《工程逆向创新》和《停止创新战争》）都获得了当年的麦肯锡最佳论文奖。他在《哈佛商业评论》上发表的论文《通用电气公司的自我颠覆》和《CEO 在商业模式再造中的作用》入选该期刊历史上 50 篇最畅销的论文。他还是《纽约时报》和《华尔街日报》评选出的畅销书《逆向创新》的共同作者。

他因在研究领域的杰出成就而获奖无数，入选了

关于作者

《管理学会杂志》名人堂，并被《管理国际评论》评为"北美地区策略研究领域最杰出的 20 位学者"之一。他的其中一篇论文成为《管理学会杂志》50 年历史上 10 篇高被引论文之一。

他与《财富》500 强中超过 40% 的企业的 CEO 和高管团队合作过。他们一起讨论、质疑和完善彼此有关策略的思想。他的客户包括波音、可口可乐、高露洁、约翰迪尔、联邦快递、通用电气、惠普、IBM、摩根大通、强生、《纽约时报》、宝洁、索尼和沃尔玛。他曾在彭博 CEO 论坛、世界商业论坛、TED 和世界经济论坛达沃斯年会上担任主讲人。

戈文达拉扬在哈佛商学院取得博士学位，并获得罗伯特·鲍恩最佳开题报告奖。他以优异的成绩取得哈佛商学院 MBA 学位，并在印度取得特许会计师资格，还因在全印度排名第一而被授予总统金奖。

你可以关注戈文达拉扬的领英和推特账户。

文卡特·文卡塔拉曼是享有盛誉的全球数字策略领域的权威。他是波士顿大学奎斯特罗姆商学院管理学教授，同时在信息系统系、策略与创新系任教。

关于作者

他曾在麻省理工学院斯隆管理学院和伦敦商学院讲授策略。他在印度理工学院卡拉格普尔分校取得了机械工程学士学位，在位于加尔各答的印度管理学院取得了MBA学位（他目前是该校的杰出校友），并在美国匹兹堡大学取得了战略管理博士学位。

他的博士论文获得了美国管理学会的 A. T. Kearney 奖。他发表在《管理科学》上的衍生论文，成为该期刊历史上被引用次数最多的战略研究论文之一。据谷歌学术搜索统计，他是管理与数字策略领域的高被引学者之一，其文章被引数超过五万。根据他的被引记录，斯坦福大学将他列入全球前2%的科学家。他的有关业务与信息技术整合的研究论文发表在《IBM系统》杂志上。该论文被视为IBM理解IT战略的转折点。1986年，他在《管理科学》上发表的论文成为该期刊历史上50篇最佳论文之一。2023年，他获得运筹学和管理学研究协会（INFORMS）信息系统学会杰出院士奖。该奖专为那些"为信息系统学科做出杰出学术贡献的个人"而设。

文卡塔拉曼的论文既有面向学术期刊的，也有面向管理人员的。他的学术研究成果发表在《管理科学》《战略管理杂志》《信息系统研究》《管理学会杂志》《管理学会评论》等刊物上。那些面向管理人员的论文发表在《哈佛商业评论》《MIT 斯隆管理评论》《加利福尼亚管理评论》《商业策略评论》《金融时报》上。

过去三十年来，文卡塔拉曼的研究和教学工作专注于企业如何在数字时代取得成功，以及数字技术在什么情况下会塑造并支持产品、流程和服务。他在 2017 年出版的著作《数字化决策》得到了 IBM、威瑞森和 WPP 的首席执行官、首席运营官和首席数据官的认可。

文卡塔拉曼与全球多家公司有过合作，其中包括 IBM、爱立信、通用电气、英国石油、默克、通用汽车、亚马逊云科技、联邦快递、微软、麦肯锡公司、WPP、索尼、特斯拉等。他在这些公司担任顾问、发表演讲并组织研讨会。他曾在巴黎 Canal+ 集团担任数字技术顾问小组成员六年。

你可以通过文卡塔拉曼的领英和推特账户联系他。